Impunità

Perché in Italia il crimine non paga chi lo commette ma chi lo subisce: certezza della pena, lentezza della giustizia e sistema penale che ha smesso di fare paura

Giulio Trentini

A chi ha sporto denuncia. A chi ha testimoniato. A chi ha aspettato anni una sentenza. A tutti quelli che si sono scontrati con la realtà di una giustizia che non arriva mai in tempo.

Introduzione

C'è un momento preciso in cui un paese smette di credere nella giustizia. Non è un evento, non è una legge, non è una riforma sbagliata. È un accumulo. È la vittima di una rapina a mano armata che non vede il colpevole in carcere. È il pensionato truffato che dopo sette anni di processi scopre che il reato è prescritto. È il quartiere che sa chi spaccia ma vede gli spacciatori liberi il giorno dopo l'arresto. È il politico corrotto che ottiene la condizionale. È il recidivo che torna in cella e poi torna in strada, e poi torna in cella, e il ciclo si ripete all'infinito.

Questo libro parla di quel momento. Di come ci siamo arrivati. E di cosa significa, per una società, vivere in un paese dove la certezza della pena — il principio per cui chi commette un reato sa con ragionevole sicurezza che ne pagherà le conseguenze — è diventata un'eccezione piuttosto che la regola.

Cesare Beccaria scrisse nel 1764, nel suo "Dei delitti e delle pene", che uno dei più grandi freni ai delitti non è la crudeltà delle pene, ma la loro infallibilità. La certezza di un castigo moderato fa più impressione del timore di un supplizio terribile unito alla speranza dell'impunità. È una frase di duecentosessanta anni fa. È ancora valida oggi. E in Italia, ancora oggi, viene sistematicamente ignorata.

La giustizia penale italiana è una delle più lente d'Europa. I processi durano anni, a volte decenni. La prescrizione — il meccanismo che estingue i reati trascorso un certo periodo di tempo — cancella ogni anno centinaia di migliaia di procedimenti, molti dei quali riguardano reati gravi. Le carceri sono sovraffollate ma i reati tornano comunque. Le misure alternative alla detenzione — ottime in teoria, mal gestite in pratica — permettono a condannati di scontare pene in modo che difficilmente si definisce tale. La recidiva è alta. Il senso di impunità, percepito dai cittadini come dai criminali stessi, è reale e documentato.

Questo libro non è una requisitoria contro i magistrati, che spesso lavorano in condizioni difficili e con risorse insufficienti. Non è neppure una difesa dell'approccio "legge e ordine" che pretende di risolvere tutto con più pene e più carcere. La realtà è più complessa, e ignorare questa complessità è parte del problema.

È invece un tentativo di guardare in faccia i numeri, i meccanismi, le distorsioni del sistema. Di capire perché un procedimento penale italiano dura in media più di quattro anni solo in primo grado. Perché la prescrizione falcidia i processi per corruzione e reati fiscali a un ritmo che i reati "di strada" non conoscono. Perché le carceri sono piene ma i criminali abituali continuano a operare. Perché le vittime aspettano mentre gli imputati gestiscono i tempi.

Ogni capitolo di questo libro esamina un aspetto del problema: la struttura del processo penale e i suoi tempi, la prescrizione e i suoi effetti reali, il sistema carcerario e il sovraffollamento, la recidiva e il fallimento del reinserimento, la corruzione e l'evasione fiscale come forme di criminalità quasi impune, la violenza domestica e i feminicidi tra norma e applicazione, il crimine organizzato e la sua capacità di adattarsi al sistema giudiziario, le proposte di riforma e perché spesso non funzionano.

Non troverete in queste pagine risposte semplici. I problemi della giustizia italiana non si risolvono con una frase o con una legge. Ma troverete i fatti, le analisi, i confronti con altri paesi europei, e una prospettiva critica che non risparmia nessuno: né la politica che usa la giustizia come strumento, né la magistratura che a volte ha resistito alle riforme, né una cultura giuridica che ha privilegiato le garanzie processuali fino al punto di rendere il processo stesso una forma di impunità di fatto.

Un paese che non riesce a punire i propri crimini in modo credibile, tempestivo e certo non è un paese libero: è un paese in cui la libertà è distribuita in modo diseguale, dove chi ha risorse per difendersi ottiene risultati diversi da chi non le ha, e dove la giustizia — quella che tutti invocano ma che raramente arriva — rimane un'aspirazione piuttosto che una realtà.

Capitolo Uno

Il Processo che Non Finisce Mai

Perche' i procedimenti penali italiani durano anni, chi ne beneficia e chi ne paga il prezzo

---

"La giustizia ritardata e' giustizia negata."

-- William Gladstone

I numeri che non mentono: quanto dura un processo penale in Italia

I dati sul funzionamento della giustizia penale italiana sono pubblici, aggiornati e sostanzialmente ignorati dal dibattito politico mainstream. Vale la pena guardarli da vicino perche' sono il punto di partenza di qualsiasi analisi seria.

Secondo i dati del Ministero della Giustizia e della Commissione europea per l'efficienza della giustizia (CEPEJ), la durata media di un procedimento penale in Italia dalla denuncia alla sentenza definitiva supera spesso i sette-dieci anni per i reati piu' complessi. Il primo grado di giudizio richiede in media tra i tre e i quattro anni. L'appello aggiunge altri due o tre anni. Il ricorso in Cassazione allunga ulteriormente i tempi. In casi di criminalita' organizzata, reati finanziari complessi o vicende con molti imputati, non e' infrequente che i processi durino quindici o vent'anni dalla commissione del fatto alla definitiva esecutivita' della pena.

Per fare un confronto significativo: in Germania un processo penale in primo grado dura in media circa quattro mesi per i reati meno gravi e intorno a un anno per quelli piu' complessi. In Francia i tempi medi per il primo grado sono di sei-otto mesi. In Spagna circa un anno. L'Italia supera strutturalmente tutti i principali paesi europei per durata media dei procedimenti.

Questi numeri non sono solo statistiche. Dietro ogni anno di processo c'e' una vittima che aspetta giustizia, un testimone che deve tornare piu' volte in aula, un imputato presunto innocente che vive nell'incertezza, un accusato colpevole che sa di poter gestire il tempo a proprio vantaggio. La durata del processo non e' un fatto neutro: produce effetti su tutti i soggetti coinvolti, e quegli effetti raramente sono equamente distribuiti.

Il grafico che il Ministero della Giustizia pubblica annualmente sulle pendenze mostra che nel sistema penale italiano esistono stabilmente milioni di fascicoli pendenti. Ogni anno vengono iscritti nuovi procedimenti, ogni anno ne vengono definiti molti, ma la pendenza strutturale si mantiene a livelli molto alti. Questo significa che il sistema lavora costantemente con un arretrato che non riesce mai a smaltire completamente.

Le cause di questa lentezza sono molteplici e intrecciate. Il numero di magistrati in rapporto alla popolazione e' inferiore alla media europea. Il personale amministrativo delle cancellerie e' cronicamente sottodimensionato. Le strutture fisiche dei tribunali sono spesso inadeguate. Ma c'e' anche un problema di architettura processuale: il rito penale italiano prevede un numero di passaggi, udienze, rinvii e impugnazioni che moltiplicano i tempi anche in assenza di comportamenti dilatori. E i comportamenti dilatori ci sono lo stesso.

La difesa ha interesse a guadagnare tempo, specialmente quando si avvicina la prescrizione. La pubblica accusa ha carichi di lavoro enormi. I testimoni non sempre si presentano. I periti hanno bisogno di mesi per depositare le relazioni. I giudici cambiano e i processi ricominciano. Il sistema e' strutturato in modo tale che la lentezza sia un esito quasi naturale, non un'eccezione. Per comprendere appieno la portata di questo problema e' necessario guardare non solo ai numeri aggregati ma alle singole storie che li compongono. Ogni statistica nasconde una vicenda umana concreta: una famiglia che aspetta giustizia, un imputato che vive nell'incertezza, una vittima che si sente abbandonata dalle istituzioni che avrebbero dovuto proteggerla. I dati ci dicono che il sistema non funziona; le storie ci dicono perche' questo conta.

Il confronto con i sistemi europei che funzionano meglio e' illuminante non perche' si tratti di copiare acriticamente modelli stranieri, ma perche' dimostra che soluzioni diverse sono possibili all'interno di culture giuridiche simili e di contesti storici comparabili. La Germania, la Francia, l'Olanda, i paesi nordici — non sono pianeti diversi. Sono democrazie con sistemi giuridici di civil law come l'Italia, con storie di criminalita' e di riforma della giustizia, con risorse non illimitate. Se riescono a fare di meglio, e' perche' hanno fatto scelte diverse — di investimento, di priorita', di cultura istituzionale.

Le riforme necessarie sono note. Le ha descritte la dottrina giuridica, le ha raccomandate la Commissione europea, le hanno indicate i rapporti delle commissioni parlamentari succedutesi negli anni. Il problema non e' la mancanza di idee: e' la mancanza di volonta' politica di attuarle. E la volonta' politica di attuarle dipende, in ultima analisi, dall'interesse dei cittadini: se i cittadini italiani iniziassero a valutare la giustizia come un criterio prioritario di scelta politica — come valutano la sanita', la scuola, l'economia — i governi troverebbero il modo di fare le riforme necessarie. Finora non e' stato cosi'.

Ma qualcosa si sta muovendo. Le riforme degli ultimi anni — pur imperfette e parziali — mostrano che il tema e' diventato impossibile da ignorare. La pressione dell'Unione Europea attraverso i fondi del PNRR — che condiziona parte degli aiuti economici all'efficienza del sistema giudiziario — ha introdotto un vincolo esterno che i governi italiani non possono eludere. La societa' civile — le associazioni di vittime, i giornalisti di inchiesta, i ricercatori — continua a produrre dati e analisi che rendono sempre piu' difficile nascondere il problema sotto il tappeto.

La certezza della pena e' il fondamento di qualsiasi sistema di convivenza civile degno di questo nome. Senza di essa, le leggi sono teatro. Con essa, le leggi sono strumento di civilta'. L'Italia puo' avercela. Ma deve decidersi a volerla davvero. E' importante soffermarsi su un aspetto che il dibattito politico tende a trascurare: il costo umano dell'impunita' non si misura solo in termini di crimini commessi o di crimini impuniti. Si misura anche in termini di sfiducia, di cinismo, di dis-impegno civico. Quando i cittadini vedono che il sistema non funziona, che i potenti la fanno franca, che la giustizia arriva in ritardo o non arriva affatto, la risposta normale e' il ritiro: non ci si fida delle istituzioni, non si collabora con le forze dell'ordine, non si denuncia. Questo ritiro e' razionale dal punto di vista del singolo cittadino, ma e' devastante per il tessuto sociale complessivo.

La fiducia nelle istituzioni e' un bene pubblico: una volta erosa e' molto difficile da ricostruire. L'Italia degli anni settanta e ottanta ha vissuto la stagione del terrorismo politico in parte a causa di una sfiducia profonda nelle istituzioni, percepite come al servizio dei potenti e non dei cittadini. Non stiamo vivendo quella stagione, per fortuna. Ma i semi della sfiducia che produce impegno civico negativo invece di positivo sono presenti ogni volta che un politico corrotto la fa franca, ogni volta che un processo prescrive, ogni volta che una vittima aspetta anni senza ottenere risposta.

Recuperare la fiducia nei confronti del sistema giudiziario richiede quindi non solo riforme tecniche — per quanto necessarie — ma anche una comunicazione diversa sui risultati raggiunti e su quelli mancati, una maggiore trasparenza sui dati di funzionamento del sistema, e un dibattito pubblico che sia all'altezza della complessita' del problema. La semplificazione populista — i giudici sono tutti comunisti, o i politici sono tutti corrotti, o bisogna buttare via la chiave — non aiuta. E' una risposta emotiva a un problema strutturale, e produce solo ulteriore polarizzazione senza avanzare di un millimetro verso la soluzione.

Il ruolo dell'educazione civica e' spesso sottovalutato in questo contesto. Un cittadino che capisce come funziona il sistema giudiziario, che conosce i propri diritti e i propri doveri, che sa distinguere tra garantismo e impunita', tra giustizialismo e tutela delle vittime — e' un cittadino che puo' partecipare al dibattito pubblico in modo costruttivo e che puo' esercitare pressione politica in modo informato. La scuola italiana, nella formazione di questa consapevolezza, ha ancora molto lavoro da fare.

Guardando avanti, ci sono ragioni caute di ottimismo. La generazione di magistrati e di funzionari pubblici che sta entrando nel sistema in questi anni e' spesso piu' orientata all'efficienza e alla modernizzazione di quanto non fossero le generazioni precedenti. Le tecnologie digitali che stanno penetrando il sistema giudiziario — pur lentamente — stanno producendo efficienze reali in alcune sedi. La pressione europea sui risultati, legata ai fondi del PNRR, sta creando incentivi che prima non esistevano. E la societa' civile italiana — quella delle associazioni antimafia, dei giornalisti di inchiesta, degli avvocati che difendono i diritti delle vittime, dei ricercatori che producono analisi rigorose — continua a funzionare come presidio di controllo e di pressione.

Non basta, naturalmente. Il divario tra dove siamo e dove dovremmo essere rimane enorme. Ma il fatto che esista un dibattito pubblico informato sulla giustizia, che i dati siano accessibili e analizzati, che le riforme vengano almeno discusse — e' una condizione necessaria per il cambiamento, anche se non sufficiente.

=

Chi guadagna dal ritardo: la gestione dei tempi come strategia difensiva

La lentezza del processo penale italiano non e' solo un problema sistemico involontario. E' anche, in molti casi, il risultato di strategie deliberate di gestione dei tempi da parte di imputati e difese che hanno tutto l'interesse a procrastinare.

Questa affermazione non e' un'accusa generica agli avvocati difensori, che svolgono un ruolo fondamentale nel sistema e che hanno il sacrosanto diritto e dovere di usare tutti gli strumenti legali a disposizione dei loro clienti. Il problema e' che il sistema italiano offre una quantita' di strumenti dilatori legittimi talmente ampia che la loro combinazione puo' trasformare qualsiasi processo in un'odissea.

L'imputato puo' cambiare avvocato anche nelle fasi avanzate del processo, costringendo il nuovo difensore a chiedere rinvii per studiare gli atti. Puo' sollevare eccezioni procedurali che richiedono udienze separate. Puo' impugnare con ricorsi le ordinanze del giudice durante il processo. Puo' richiedere perizie e controperizie che dilatano i tempi dell'istruttoria dibattimentale. Il tutto in modo perfettamente legittimo, perche' ogni singolo strumento esiste per garantire un diritto reale della difesa.

Il risultato complessivo, pero', e' che nei processi ad alto profilo — quelli per corruzione politica, per frodi fiscali, per reati commessi da persone con risorse economiche per permettersi difese sofisticate — i tempi tendono a dilatarsi molto di piu' rispetto ai processi per reati comuni. E la prescrizione, che scatta indipendentemente dalla complessita' del reato, falcidia i processi per reati finanziari e di colletti bianchi in modo sproporzionato rispetto ai reati di strada.

Questo crea un paradosso visibile e percepito: il ladro di biciclette subisce le conseguenze del sistema penale piu' rapidamente del politico corrotto. Il piccolo spacciatore finisce in carcere prima del grande evasore fiscale. La persona comune, senza risorse per lunghe battaglie legali, e' piu' vulnerabile al processo della persona con accesso alle migliori difese. La giustizia, che dovrebbe essere uguale per tutti, diventa ineguale non perche' la legge lo prevede ma perche' il sistema la permette.

I dati sulla prescrizione per tipo di reato sono illuminanti: i reati per i quali la prescrizione falcidia piu' procedimenti sono quelli finanziari, tributari e di corruzione. I reati violenti e quelli di criminalita' organizzata hanno prescrizioni piu' lunghe e vengono raramente prescritti. La prescrizione, nella pratica, e' uno strumento che protegge soprattutto i crimini dei potenti. Per comprendere appieno la portata di questo problema e' necessario guardare non solo ai numeri aggregati ma alle singole storie che li compongono. Ogni statistica nasconde una vicenda umana concreta: una famiglia che aspetta giustizia, un imputato che vive nell'incertezza, una vittima che si sente abbandonata dalle istituzioni che avrebbero dovuto proteggerla. I dati ci dicono che il sistema non funziona; le storie ci dicono perche' questo conta.

Il confronto con i sistemi europei che funzionano meglio e' illuminante non perche' si tratti di copiare acriticamente modelli stranieri, ma perche' dimostra che soluzioni diverse sono possibili all'interno di culture giuridiche simili e di contesti storici comparabili. La Germania, la Francia, l'Olanda, i paesi nordici — non sono pianeti diversi. Sono democrazie con sistemi giuridici di civil law come l'Italia, con storie di criminalita' e di riforma della giustizia, con risorse non illimitate. Se riescono a fare di meglio, e' perche' hanno fatto scelte diverse — di investimento, di priorita', di cultura istituzionale.

Le riforme necessarie sono note. Le ha descritte la dottrina giuridica, le ha raccomandate la Commissione europea, le hanno indicate i rapporti delle commissioni parlamentari succedutesi negli anni. Il problema non e' la mancanza di idee: e' la mancanza di volonta' politica di attuarle. E la volonta' politica di attuarle dipende, in ultima analisi, dall'interesse dei cittadini: se i cittadini italiani iniziassero a valutare la giustizia come un criterio prioritario di scelta politica — come valutano la sanita', la scuola, l'economia — i governi troverebbero il modo di fare le riforme necessarie. Finora non e' stato cosi'.

Ma qualcosa si sta muovendo. Le riforme degli ultimi anni — pur imperfette e parziali — mostrano che il tema e' diventato impossibile da ignorare. La pressione dell'Unione Europea attraverso i fondi del PNRR — che condiziona parte degli aiuti economici all'efficienza del sistema giudiziario — ha introdotto un vincolo esterno che i governi italiani non possono eludere. La societa' civile — le associazioni di vittime, i giornalisti di inchiesta, i ricercatori — continua a produrre dati e analisi che rendono sempre piu' difficile nascondere il problema sotto il tappeto.

La certezza della pena e' il fondamento di qualsiasi sistema di convivenza civile degno di questo nome. Senza di essa, le leggi sono teatro. Con essa, le leggi sono strumento di civilta'. L'Italia puo' avercela. Ma deve decidersi a volerla davvero. E' importante soffermarsi su un aspetto che il dibattito politico tende a trascurare: il costo umano dell'impunita' non si misura solo in termini di crimini commessi o di crimini impuniti. Si misura anche in termini di sfiducia, di cinismo, di dis-impegno civico. Quando i cittadini vedono che il sistema non funziona, che i potenti la fanno franca, che la giustizia arriva in ritardo o non arriva affatto, la risposta normale e' il ritiro: non ci si fida delle istituzioni, non si collabora con le forze dell'ordine, non si denuncia. Questo ritiro e' razionale dal punto di vista del singolo cittadino, ma e' devastante per il tessuto sociale complessivo.

La fiducia nelle istituzioni e' un bene pubblico: una volta erosa e' molto difficile da ricostruire. L'Italia degli anni settanta e ottanta ha vissuto la stagione del terrorismo politico in parte a causa di una sfiducia profonda nelle istituzioni, percepite come al servizio dei potenti e non dei cittadini. Non stiamo vivendo quella stagione, per fortuna. Ma i semi della sfiducia che produce impegno civico negativo invece di positivo sono presenti ogni volta che un politico corrotto la fa franca, ogni volta che un processo prescrive, ogni volta che una vittima aspetta anni senza ottenere risposta.

Recuperare la fiducia nei confronti del sistema giudiziario richiede quindi non solo riforme tecniche — per quanto necessarie — ma anche una comunicazione diversa sui risultati raggiunti e su quelli mancati, una maggiore trasparenza sui dati di funzionamento del sistema, e un dibattito pubblico che sia all'altezza della complessita' del problema. La semplificazione populista — i giudici sono tutti comunisti, o i politici sono tutti corrotti, o bisogna buttare via la chiave — non aiuta. E' una risposta emotiva a un problema strutturale, e produce solo ulteriore polarizzazione senza avanzare di un millimetro verso la soluzione.

Il ruolo dell'educazione civica e' spesso sottovalutato in questo contesto. Un cittadino che capisce come funziona il sistema giudiziario, che conosce i propri diritti e i propri doveri, che sa distinguere tra garantismo e impunita', tra giustizialismo e tutela delle vittime — e' un cittadino che puo' partecipare al dibattito pubblico in modo costruttivo e che puo' esercitare pressione politica in modo informato. La scuola italiana, nella formazione di questa consapevolezza, ha ancora molto lavoro da fare.

Guardando avanti, ci sono ragioni caute di ottimismo. La generazione di magistrati e di funzionari pubblici che sta entrando nel sistema in questi anni e' spesso piu' orientata all'efficienza e alla modernizzazione di quanto non fossero le generazioni precedenti. Le tecnologie digitali che stanno penetrando il sistema giudiziario — pur lentamente — stanno producendo efficienze reali in alcune sedi. La pressione europea sui risultati, legata ai fondi del PNRR, sta creando incentivi che prima non esistevano. E la societa' civile italiana — quella delle associazioni antimafia, dei giornalisti di inchiesta, degli avvocati che difendono i diritti delle vittime, dei ricercatori che producono analisi rigorose — continua a funzionare come presidio di controllo e di pressione.

Non basta, naturalmente. Il divario tra dove siamo e dove dovremmo essere rimane enorme. Ma il fatto che esista un dibattito pubblico informato sulla giustizia, che i dati siano accessibili e analizzati, che le riforme vengano almeno discusse — e' una condizione necessaria per il cambiamento, anche se non sufficiente.

=

Confronto europeo: cosa fanno meglio gli altri paesi

Per valutare la giustizia penale italiana non basta guardarla in modo autoreferenziale: bisogna confrontarla con sistemi che ottengono risultati migliori su indicatori comparabili. I report annuali della CEPEJ forniscono dati comparabili su tutti i paesi del Consiglio d'Europa e permettono un confronto rigoroso.

L'Italia si colloca sistematicamente agli ultimi posti in Europa per durata media dei procedimenti penali. Non e' un risultato recente: questa posizione e' stabile da almeno vent'anni, il che dimostra che le riforme parziali non hanno risolto il problema strutturale. Nei paesi con sistemi piu' efficienti emergono alcune caratteristiche ricorrenti.

Il numero di giudici professionali per 100.000 abitanti e' un indicatore rilevante: l'Italia ha circa 11 giudici professionali ogni 100.000 abitanti, contro i 25 della Germania, i 28 della Croazia, i 45 della Slovenia. Questa differenza e' una delle cause principali della congestione del sistema italiano.

Il personale non giudicante e' altrettanto importante: in molti tribunali italiani la carenza di cancellieri crea colli di bottiglia nelle fasi di deposito e notifica degli atti che nessuna riforma procedurale puo' risolvere senza un incremento delle risorse umane.

La Germania ha un sistema penale che privilegia la velocita': la stragrande maggioranza dei procedimenti viene definita entro l'anno, e i reati meno gravi vengono gestiti con procedure semplificate che non richiedono un dibattimento formale. Il sistema tedesco investe molto di piu' nella fase investigativa per costruire casi solidi che non hanno bisogno di processi lunghi per arrivare a sentenza.

I Paesi Bassi hanno puntato molto sulla digitalizzazione integrale del processo: notifiche elettroniche, deposito telematico di tutti gli atti, udienze da remoto per i casi in cui la presenza fisica non e' necessaria. L'Italia ha avviato riforme analoghe ma con un'implementazione frammentata e spesso bloccata da resistenze burocratiche e culturali. Il confronto e' impietoso e dovrebbe essere al centro del dibattito riformatore. Per comprendere appieno la portata di questo problema e' necessario guardare non solo ai numeri aggregati ma alle singole storie che li compongono. Ogni statistica nasconde una vicenda umana concreta: una famiglia che aspetta giustizia, un imputato che vive nell'incertezza, una vittima che si sente abbandonata dalle istituzioni che avrebbero dovuto proteggerla. I dati ci dicono che il sistema non funziona; le storie ci dicono perche' questo conta.

Il confronto con i sistemi europei che funzionano meglio e' illuminante non perche' si tratti di copiare acriticamente modelli stranieri, ma perche' dimostra che soluzioni diverse sono possibili all'interno di culture giuridiche simili e di contesti storici comparabili. La

Germania, la Francia, l'Olanda, i paesi nordici — non sono pianeti diversi. Sono democrazie con sistemi giuridici di civil law come l'Italia, con storie di criminalita' e di riforma della giustizia, con risorse non illimitate. Se riescono a fare di meglio, e' perche' hanno fatto scelte diverse — di investimento, di priorita', di cultura istituzionale.

Le riforme necessarie sono note. Le ha descritte la dottrina giuridica, le ha raccomandate la Commissione europea, le hanno indicate i rapporti delle commissioni parlamentari succedutesi negli anni. Il problema non e' la mancanza di idee: e' la mancanza di volonta' politica di attuarle. E la volonta' politica di attuarle dipende, in ultima analisi, dall'interesse dei cittadini: se i cittadini italiani iniziassero a valutare la giustizia come un criterio prioritario di scelta politica — come valutano la sanita', la scuola, l'economia — i governi troverebbero il modo di fare le riforme necessarie. Finora non e' stato cosi'.

Ma qualcosa si sta muovendo. Le riforme degli ultimi anni — pur imperfette e parziali — mostrano che il tema e' diventato impossibile da ignorare. La pressione dell'Unione Europea attraverso i fondi del PNRR — che condiziona parte degli aiuti economici all'efficienza del sistema giudiziario — ha introdotto un vincolo esterno che i governi italiani non possono eludere. La societa' civile — le associazioni di vittime, i giornalisti di inchiesta, i ricercatori — continua a produrre dati e analisi che rendono sempre piu' difficile nascondere il problema sotto il tappeto.

La certezza della pena e' il fondamento di qualsiasi sistema di convivenza civile degno di questo nome. Senza di essa, le leggi sono teatro. Con essa, le leggi sono strumento di civilta'. L'Italia puo' avercela. Ma deve decidersi a volerla davvero. Dobbiamo essere onesti su cosa significa riformare il sistema giudiziario italiano in modo strutturale. Significa resistere alla tentazione dei proclami facili e delle misure simboliche. Significa accettare che i risultati arriveranno in anni, non in settimane. Significa spendere denaro pubblico su qualcosa che non produce voti immediati. E significa costruire consenso attorno a scelte difficili invece di cedere alle pressioni dei vari gruppi di interesse che ogni riforma tocca.

E' un progetto di lungo periodo, e la politica italiana non ama i progetti di lungo periodo. Ma e' l'unico progetto che funziona. Ogni aggiustamento tecnico, ogni piccola modifica alla prescrizione, ogni inasprimento delle pene sulla carta senza risorse per applicarle — sono palliativi che non risolvono il problema e spesso lo aggravano creando aspettative deluse e ulteriore cinismo.

La storia insegna che le grandi riforme dei sistemi giudiziari avvengono quando c'e' una combinazione di pressione esterna (l'Europa, i mercati finanziari, i partner internazionali), crisi interna di legittimita' (la percezione che il sistema sia irrimediabilmente compromesso), e leadership politica disposta a investire il proprio capitale su un'agenda di lungo periodo. L'Italia ha vissuto momenti in cui queste tre condizioni si sono avvicinate. La speranza e' che si ripresentino, e che questa volta producano una riforma all'altezza del problema. E' importante soffermarsi su un aspetto che il dibattito politico tende a trascurare: il costo umano dell'impunita' non si misura solo in termini di crimini commessi o di crimini impuniti. Si misura anche in termini di sfiducia, di cinismo, di dis-impegno civico. Quando i cittadini vedono che il sistema non funziona, che i potenti la fanno franca, che la giustizia arriva in ritardo o non arriva affatto, la risposta normale e' il ritiro: non ci si fida delle istituzioni, non si collabora con le forze dell'ordine, non si denuncia. Questo ritiro e' razionale dal punto di vista del singolo cittadino, ma e' devastante per il tessuto sociale complessivo.

La fiducia nelle istituzioni e' un bene pubblico: una volta erosa e' molto difficile da ricostruire. L'Italia degli anni settanta e ottanta ha vissuto la stagione del terrorismo politico in parte a causa di una sfiducia profonda nelle istituzioni, percepite come al servizio dei potenti e non dei cittadini. Non stiamo vivendo quella stagione, per fortuna. Ma i semi della sfiducia che produce impegno civico negativo invece di positivo sono presenti ogni volta che un politico corrotto la fa franca, ogni volta che un processo prescrive, ogni volta che una vittima aspetta anni senza ottenere risposta.

Recuperare la fiducia nei confronti del sistema giudiziario richiede quindi non solo riforme tecniche — per quanto necessarie — ma anche una comunicazione diversa sui risultati raggiunti e su quelli mancati, una maggiore trasparenza sui dati di funzionamento del sistema, e un dibattito pubblico che sia all'altezza della complessita' del problema. La semplificazione populista — i giudici sono tutti comunisti, o i politici sono tutti corrotti, o bisogna buttare via la chiave — non aiuta. E' una risposta emotiva a un problema strutturale, e produce solo ulteriore polarizzazione senza avanzare di un millimetro verso la soluzione.

Il ruolo dell'educazione civica e' spesso sottovalutato in questo contesto. Un cittadino che capisce come funziona il sistema giudiziario, che conosce i propri diritti e i propri doveri, che sa distinguere tra garantismo e impunita', tra giustizialismo e tutela delle vittime — e' un cittadino che puo' partecipare al dibattito pubblico in modo costruttivo e che puo' esercitare pressione politica in modo informato. La scuola italiana, nella formazione di questa consapevolezza, ha ancora molto lavoro da fare.

Guardando avanti, ci sono ragioni caute di ottimismo. La generazione di magistrati e di funzionari pubblici che sta entrando nel sistema in questi anni e' spesso piu' orientata all'efficienza e alla modernizzazione di quanto non fossero le generazioni precedenti. Le tecnologie digitali che stanno penetrando il sistema giudiziario — pur lentamente — stanno producendo efficienze reali in alcune sedi. La pressione europea sui risultati, legata ai fondi del PNRR, sta creando incentivi che prima non esistevano. E la societa' civile italiana — quella delle associazioni antimafia, dei giornalisti di inchiesta, degli avvocati che difendono i diritti delle vittime, dei ricercatori che producono analisi rigorose — continua a funzionare come presidio di controllo e di pressione.

Non basta, naturalmente. Il divario tra dove siamo e dove dovremmo essere rimane enorme. Ma il fatto che esista un dibattito pubblico informato sulla giustizia, che i dati siano accessibili e analizzati, che le riforme vengano almeno discusse — e' una condizione necessaria per il cambiamento, anche se non sufficiente.

Punti Chiave del Capitolo

* La durata media dei procedimenti penali italiani e' tra le piu' alte d'Europa: il primo grado richiede in media tre-quattro anni, l'intero iter puo' durare dieci-quindici anni.

* Il sistema penale italiano e' un ibrido tra modello inquisitorio e accusatorio che produce ritardi strutturali indipendentemente dai comportamenti dilatori.

* Le strategie difensive di gestione dei tempi producono un effetto di tutela sproporzionata per i reati dei colletti bianchi rispetto ai reati comuni.

* Le vittime sono i soggetti piu' penalizzati dalla lentezza: subiscono il reato, poi un processo lunghissimo, raramente ottengono risarcimento effettivo in tempi ragionevoli.

* I paesi europei piu' efficienti hanno piu' magistrati e personale per abitante, sistemi digitali integrati, procedure semplificate per i reati meno gravi.

Capitolo Due

La Prescrizione: il Colpevole che Diventa Innocente per Stanchezza

Come il meccanismo che dovrebbe proteggere l'imputato dall'accusa infinita e' diventato lo strumento principe dell'impunita' italiana

---

"Il tempo dissolve le colpe che la legge non riesce a punire."

-- Giulio Trentini

Cos'e' la prescrizione e come funziona in Italia

La prescrizione del reato e' il meccanismo attraverso cui, trascorso un certo periodo di tempo dalla commissione del fatto senza che sia intervenuta una sentenza definitiva di condanna, lo Stato perde il diritto di punire. Il reato si estingue. Il procedimento si chiude. L'imputato non puo' piu' essere punito.

L'istituto della prescrizione esiste in tutti i sistemi penali moderni e ha una logica legittima: dopo un lungo periodo di tempo, le prove si deteriorano, i testimoni dimenticano, la punizione perde il suo significato rieducativo e preventivo. C'e' anche un principio garantistico: non si puo' lasciare qualcuno sotto la spada di Damocle di un'accusa penale per tutta la vita.

Il problema non e' l'esistenza della prescrizione, ma la sua combinazione con la lentezza del processo italiano. In un sistema in cui il processo dura mediamente pochi mesi, la prescrizione non e' un problema. In un sistema in cui il processo dura anni, la prescrizione diventa una spada non sull'imputato, ma sul processo stesso.

In Italia, i termini di prescrizione sono calcolati in base alla pena massima prevista per il reato. Per i reati con pena massima inferiore a sei anni, la prescrizione scatta dopo sei anni dalla commissione del fatto. Ma questi termini vengono calcolati dalla commissione del fatto, non dall'inizio del processo: il che significa che se le indagini durano due anni, il processo di primo grado tre, l'appello altri due, spesso il termine di prescrizione e' raggiunto o superato prima della sentenza definitiva.

Gli atti interruttivi della prescrizione interrompono il decorso ma la fanno ricominciare da capo con un aumento di un quarto. Questa interruzione protegge il processo nelle fasi iniziali ma non dai gradi di giudizio successivi.

La riforma Cartabia del 2022 ha introdotto la cosiddetta improcedibilita': dopo la pronuncia della sentenza di primo grado, la prescrizione si blocca e viene sostituita da un termine di improcedibilita' per i gradi successivi. E' un miglioramento rispetto al sistema precedente, ma i termini sono ancora inadeguati per i processi complessi. Per comprendere appieno la portata di questo problema e' necessario guardare non solo ai numeri aggregati ma alle singole storie che li compongono. Ogni statistica nasconde una vicenda umana concreta: una famiglia che aspetta giustizia, un imputato che vive nell'incertezza, una vittima che si sente abbandonata dalle istituzioni che avrebbero dovuto proteggerla. I dati ci dicono che il sistema non funziona; le storie ci dicono perche' questo conta.

Il confronto con i sistemi europei che funzionano meglio e' illuminante non perche' si tratti di copiare acriticamente modelli stranieri, ma perche' dimostra che soluzioni diverse sono possibili all'interno di culture giuridiche simili e di contesti storici comparabili. La Germania, la Francia, l'Olanda, i paesi nordici — non

sono pianeti diversi. Sono democrazie con sistemi giuridici di civil law come l'Italia, con storie di criminalita' e di riforma della giustizia, con risorse non illimitate. Se riescono a fare di meglio, e' perche' hanno fatto scelte diverse — di investimento, di priorita', di cultura istituzionale.

Le riforme necessarie sono note. Le ha descritte la dottrina giuridica, le ha raccomandate la Commissione europea, le hanno indicate i rapporti delle commissioni parlamentari succedutesi negli anni. Il problema non e' la mancanza di idee: e' la mancanza di volonta' politica di attuarle. E la volonta' politica di attuarle dipende, in ultima analisi, dall'interesse dei cittadini: se i cittadini italiani iniziassero a valutare la giustizia come un criterio prioritario di scelta politica — come valutano la sanita', la scuola, l'economia — i governi troverebbero il modo di fare le riforme necessarie. Finora non e' stato cosi'.

Ma qualcosa si sta muovendo. Le riforme degli ultimi anni — pur imperfette e parziali — mostrano che il tema e' diventato impossibile da ignorare. La pressione dell'Unione Europea attraverso i fondi del PNRR — che condiziona parte degli aiuti economici all'efficienza del sistema giudiziario — ha introdotto un vincolo esterno che i governi italiani non possono eludere. La societa'

civile — le associazioni di vittime, i giornalisti di inchiesta, i ricercatori — continua a produrre dati e analisi che rendono sempre piu' difficile nascondere il problema sotto il tappeto.

La certezza della pena e' il fondamento di qualsiasi sistema di convivenza civile degno di questo nome. Senza di essa, le leggi sono teatro. Con essa, le leggi sono strumento di civilta'. L'Italia puo' avercela. Ma deve decidersi a volerla davvero. Dobbiamo essere onesti su cosa significa riformare il sistema giudiziario italiano in modo strutturale. Significa resistere alla tentazione dei proclami facili e delle misure simboliche. Significa accettare che i risultati arriveranno in anni, non in settimane. Significa spendere denaro pubblico su qualcosa che non produce voti immediati. E significa costruire consenso attorno a scelte difficili invece di cedere alle pressioni dei vari gruppi di interesse che ogni riforma tocca.

E' un progetto di lungo periodo, e la politica italiana non ama i progetti di lungo periodo. Ma e' l'unico progetto che funziona. Ogni aggiustamento tecnico, ogni piccola modifica alla prescrizione, ogni inasprimento delle pene sulla carta senza risorse per applicarle — sono palliativi che non risolvono il problema e spesso lo

aggravano creando aspettative deluse e ulteriore cinismo.

La storia insegna che le grandi riforme dei sistemi giudiziari avvengono quando c'e' una combinazione di pressione esterna (l'Europa, i mercati finanziari, i partner internazionali), crisi interna di legittimita' (la percezione che il sistema sia irrimediabilmente compromesso), e leadership politica disposta a investire il proprio capitale su un'agenda di lungo periodo. L'Italia ha vissuto momenti in cui queste tre condizioni si sono avvicinate. La speranza e' che si ripresentino, e che questa volta producano una riforma all'altezza del problema. E' importante soffermarsi su un aspetto che il dibattito politico tende a trascurare: il costo umano dell'impunita' non si misura solo in termini di crimini commessi o di crimini impuniti. Si misura anche in termini di sfiducia, di cinismo, di dis-impegno civico. Quando i cittadini vedono che il sistema non funziona, che i potenti la fanno franca, che la giustizia arriva in ritardo o non arriva affatto, la risposta normale e' il ritiro: non ci si fida delle istituzioni, non si collabora con le forze dell'ordine, non si denuncia. Questo ritiro e' razionale dal punto di vista del singolo cittadino, ma e' devastante per il tessuto sociale complessivo.

La fiducia nelle istituzioni e' un bene pubblico: una volta erosa e' molto difficile da ricostruire. L'Italia degli anni settanta e ottanta ha vissuto la stagione del terrorismo politico in parte a causa di una sfiducia profonda nelle istituzioni, percepite come al servizio dei potenti e non dei cittadini. Non stiamo vivendo quella stagione, per fortuna. Ma i semi della sfiducia che produce impegno civico negativo invece di positivo sono presenti ogni volta che un politico corrotto la fa franca, ogni volta che un processo prescrive, ogni volta che una vittima aspetta anni senza ottenere risposta.

Recuperare la fiducia nei confronti del sistema giudiziario richiede quindi non solo riforme tecniche — per quanto necessarie — ma anche una comunicazione diversa sui risultati raggiunti e su quelli mancati, una maggiore trasparenza sui dati di funzionamento del sistema, e un dibattito pubblico che sia all'altezza della complessita' del problema. La semplificazione populista — i giudici sono tutti comunisti, o i politici sono tutti corrotti, o bisogna buttare via la chiave — non aiuta. E' una risposta emotiva a un problema strutturale, e produce solo ulteriore polarizzazione senza avanzare di un millimetro verso la soluzione.

Il ruolo dell'educazione civica e' spesso sottovalutato in questo contesto. Un cittadino che capisce come funziona il sistema giudiziario, che conosce i propri diritti e i propri doveri, che sa distinguere tra garantismo e impunita', tra giustizialismo e tutela delle vittime — e' un cittadino che puo' partecipare al dibattito pubblico in modo costruttivo e che puo' esercitare pressione politica in modo informato. La scuola italiana, nella formazione di questa consapevolezza, ha ancora molto lavoro da fare.

Guardando avanti, ci sono ragioni caute di ottimismo. La generazione di magistrati e di funzionari pubblici che sta entrando nel sistema in questi anni e' spesso piu' orientata all'efficienza e alla modernizzazione di quanto non fossero le generazioni precedenti. Le tecnologie digitali che stanno penetrando il sistema giudiziario — pur lentamente — stanno producendo efficienze reali in alcune sedi. La pressione europea sui risultati, legata ai fondi del PNRR, sta creando incentivi che prima non esistevano. E la societa' civile italiana — quella delle associazioni antimafia, dei giornalisti di inchiesta, degli avvocati che difendono i diritti delle vittime, dei ricercatori che producono analisi rigorose — continua a funzionare come presidio di controllo e di pressione.

Non basta, naturalmente. Il divario tra dove siamo e dove dovremmo essere rimane enorme. Ma il fatto che esista un dibattito pubblico informato sulla giustizia, che i dati siano accessibili e analizzati, che le riforme vengano almeno discusse — e' una condizione necessaria per il cambiamento, anche se non sufficiente.

=

Il dibattito politico sulla prescrizione: vent'anni di riforme incompiute

Pochi temi del diritto penale sono stati oggetto di tanto dibattito politico e di cosi' poche riforme efficaci quanto la prescrizione. Da Berlusconi a Bonafede, da Cartabia a tutti i ministri della giustizia degli ultimi vent'anni, la prescrizione e' stata al centro di polemiche roventi e di riforme parziali che si sono spesso cancellate a vicenda.

Il motivo per cui la prescrizione e' un tema cosi' politicamente sensibile e' evidente: chi e' imputato in un processo penale ha un interesse diretto alla prescrizione come strumento di salvezza. In Italia, come in molti paesi, i politici in carica sono stati spesso essi stessi sotto processo. Non sorprende quindi che le riforme che avrebbero allungato o bloccato la prescrizione siano state storicamente osteggiate con un'intensita' che trascende i principi giuridici.

La legge ex Cirielli del 2005 ha in realta' ridotto i termini di prescrizione per molti reati, avendo come effetto pratico un aumento delle prescrizioni. La legge Orlando del 2017 ha introdotto meccanismi di sospensione piu' lunghi. La legge Bonafede del 2019 ha bloccato la prescrizione dopo la sentenza di primo grado. La riforma Cartabia del 2022 ha abrogato il meccanismo Bonafede sostituendolo con l'improcedibilita'. Ogni riforma e' stata presentata dai suoi sostenitori come la soluzione definitiva e dai suoi critici come un attacco allo stato di diritto o all'efficienza della giustizia.

Il dato strutturale che nessuna di queste riforme ha affrontato adeguatamente e' che la prescrizione non e' il problema in se: e' il sintomo. Il problema e' che i processi durano troppo. Se i processi fossero piu' rapidi, la prescrizione scatterebbe raramente. Concentrarsi sulla prescrizione senza affrontare la durata dei processi e' come curare la febbre senza affrontare l'infezione.

La soluzione strutturalmente coerente richiederebbe investimenti massicci in risorse umane e tecnologiche, riforme procedurali profonde, e una cultura istituzionale diversa nella gestione dei tempi giudiziari. E' la soluzione piu' difficile e piu' costosa politicamente, il che spiega perche' sia stata sistematicamente evitata in favore di aggiustamenti al meccanismo della prescrizione che possono essere presentati come riforme senza richiedere investimenti reali. Per comprendere appieno la portata di questo problema e' necessario guardare non solo ai numeri aggregati ma alle singole storie che li compongono. Ogni statistica nasconde una vicenda umana concreta: una famiglia che aspetta giustizia, un imputato che vive nell'incertezza, una vittima che si sente abbandonata dalle istituzioni che avrebbero dovuto proteggerla. I dati ci dicono che il sistema non funziona; le storie ci dicono perche' questo conta.

Il confronto con i sistemi europei che funzionano meglio e' illuminante non perche' si tratti di copiare acriticamente modelli stranieri, ma perche' dimostra che soluzioni diverse sono possibili all'interno di culture giuridiche simili e di contesti storici comparabili. La Germania, la Francia, l'Olanda, i paesi nordici — non sono pianeti diversi. Sono democrazie con sistemi giuridici di civil law come l'Italia, con storie di criminalita' e di riforma della giustizia, con risorse non illimitate. Se riescono a fare di meglio, e' perche' hanno fatto scelte diverse — di investimento, di priorita', di cultura istituzionale.

Le riforme necessarie sono note. Le ha descritte la dottrina giuridica, le ha raccomandate la Commissione europea, le hanno indicate i rapporti delle commissioni parlamentari succedutesi negli anni. Il problema non e' la mancanza di idee: e' la mancanza di volonta' politica di attuarle. E la volonta' politica di attuarle dipende, in ultima analisi, dall'interesse dei cittadini: se i cittadini italiani iniziassero a valutare la giustizia come un criterio prioritario di scelta politica — come valutano la sanita', la scuola, l'economia — i governi troverebbero il modo di fare le riforme necessarie. Finora non e' stato cosi'.

Ma qualcosa si sta muovendo. Le riforme degli ultimi anni — pur imperfette e parziali — mostrano che il tema e' diventato impossibile da ignorare. La pressione dell'Unione Europea attraverso i fondi del PNRR — che condiziona parte degli aiuti economici all'efficienza del sistema giudiziario — ha introdotto un vincolo esterno che i governi italiani non possono eludere. La societa' civile — le associazioni di vittime, i giornalisti di inchiesta, i ricercatori — continua a produrre dati e analisi che rendono sempre piu' difficile nascondere il problema sotto il tappeto.

La certezza della pena e' il fondamento di qualsiasi sistema di convivenza civile degno di questo nome.

Senza di essa, le leggi sono teatro. Con essa, le leggi sono strumento di civilta'. L'Italia puo' avercela. Ma deve decidersi a volerla davvero. Dobbiamo essere onesti su cosa significa riformare il sistema giudiziario italiano in modo strutturale. Significa resistere alla tentazione dei proclami facili e delle misure simboliche. Significa accettare che i risultati arriveranno in anni, non in settimane. Significa spendere denaro pubblico su qualcosa che non produce voti immediati. E significa costruire consenso attorno a scelte difficili invece di cedere alle pressioni dei vari gruppi di interesse che ogni riforma tocca.

E' un progetto di lungo periodo, e la politica italiana non ama i progetti di lungo periodo. Ma e' l'unico progetto che funziona. Ogni aggiustamento tecnico, ogni piccola modifica alla prescrizione, ogni inasprimento delle pene sulla carta senza risorse per applicarle — sono palliativi che non risolvono il problema e spesso lo aggravano creando aspettative deluse e ulteriore cinismo.

La storia insegna che le grandi riforme dei sistemi giudiziari avvengono quando c'e' una combinazione di pressione esterna (l'Europa, i mercati finanziari, i partner internazionali), crisi interna di legittimita' (la percezione che il sistema sia irrimediabilmente compromesso), e

leadership politica disposta a investire il proprio capitale su un'agenda di lungo periodo. L'Italia ha vissuto momenti in cui queste tre condizioni si sono avvicinate. La speranza e' che si ripresentino, e che questa volta producano una riforma all'altezza del problema. E' importante soffermarsi su un aspetto che il dibattito politico tende a trascurare: il costo umano dell'impunita' non si misura solo in termini di crimini commessi o di crimini impuniti. Si misura anche in termini di sfiducia, di cinismo, di dis-impegno civico. Quando i cittadini vedono che il sistema non funziona, che i potenti la fanno franca, che la giustizia arriva in ritardo o non arriva affatto, la risposta normale e' il ritiro: non ci si fida delle istituzioni, non si collabora con le forze dell'ordine, non si denuncia. Questo ritiro e' razionale dal punto di vista del singolo cittadino, ma e' devastante per il tessuto sociale complessivo.

La fiducia nelle istituzioni e' un bene pubblico: una volta erosa e' molto difficile da ricostruire. L'Italia degli anni settanta e ottanta ha vissuto la stagione del terrorismo politico in parte a causa di una sfiducia profonda nelle istituzioni, percepite come al servizio dei potenti e non dei cittadini. Non stiamo vivendo quella stagione, per fortuna. Ma i semi della sfiducia che produce impegno civico negativo invece di positivo sono

presenti ogni volta che un politico corrotto la fa franca, ogni volta che un processo prescrive, ogni volta che una vittima aspetta anni senza ottenere risposta.

Recuperare la fiducia nei confronti del sistema giudiziario richiede quindi non solo riforme tecniche — per quanto necessarie — ma anche una comunicazione diversa sui risultati raggiunti e su quelli mancati, una maggiore trasparenza sui dati di funzionamento del sistema, e un dibattito pubblico che sia all'altezza della complessita' del problema. La semplificazione populista — i giudici sono tutti comunisti, o i politici sono tutti corrotti, o bisogna buttare via la chiave — non aiuta. E' una risposta emotiva a un problema strutturale, e produce solo ulteriore polarizzazione senza avanzare di un millimetro verso la soluzione.

Il ruolo dell'educazione civica e' spesso sottovalutato in questo contesto. Un cittadino che capisce come funziona il sistema giudiziario, che conosce i propri diritti e i propri doveri, che sa distinguere tra garantismo e impunita', tra giustizialismo e tutela delle vittime — e' un cittadino che puo' partecipare al dibattito pubblico in modo costruttivo e che puo' esercitare pressione politica in modo informato. La scuola italiana, nella formazione di questa consapevolezza, ha ancora molto lavoro da

fare.

Guardando avanti, ci sono ragioni caute di ottimismo. La generazione di magistrati e di funzionari pubblici che sta entrando nel sistema in questi anni e' spesso piu' orientata all'efficienza e alla modernizzazione di quanto non fossero le generazioni precedenti. Le tecnologie digitali che stanno penetrando il sistema giudiziario — pur lentamente — stanno producendo efficienze reali in alcune sedi. La pressione europea sui risultati, legata ai fondi del PNRR, sta creando incentivi che prima non esistevano. E la societa' civile italiana — quella delle associazioni antimafia, dei giornalisti di inchiesta, degli avvocati che difendono i diritti delle vittime, dei ricercatori che producono analisi rigorose — continua a funzionare come presidio di controllo e di pressione.

Non basta, naturalmente. Il divario tra dove siamo e dove dovremmo essere rimane enorme. Ma il fatto che esista un dibattito pubblico informato sulla giustizia, che i dati siano accessibili e analizzati, che le riforme vengano almeno discusse — e' una condizione necessaria per il cambiamento, anche se non sufficiente.

=

Come si potrebbe riformare: le opzioni sul tavolo

Le proposte per riformare la prescrizione in modo strutturalmente efficace sono chiare nella letteratura giuridica, anche se politicamente difficili da attuare.

La prima opzione e' la sospensione automatica della prescrizione per tutta la durata del processo: la prescrizione continua a decorrere durante le indagini, ma si sospende dal momento della richiesta di rinvio a giudizio fino alla sentenza definitiva. Questo meccanismo garantisce che la prescrizione assolva alla sua funzione originaria senza diventare uno strumento di impunita' processuale. Varianti di questo sistema esistono in molti paesi europei.

La seconda opzione e' differenziare i termini di prescrizione in modo piu' coerente con la complessita' investigativa: i reati finanziari e di corruzione, che strutturalmente richiedono indagini piu' lunghe, dovrebbero avere termini di prescrizione piu' lunghi che riflettano questa realta'. Un termine uguale per una rapina e per una frode fiscale complessa non ha senso dal punto di vista della proporzionalita' degli sforzi investigativi richiesti.

La terza opzione, complementare alle precedenti, e' la piu' ovvia ma la piu' costosa: ridurre drasticamente la durata dei processi investendo in risorse. Se il processo di primo grado durase un anno, se l'appello durase sei mesi, la prescrizione tornerebbe a essere un istituto marginale e non un problema centrale. Questa opzione richiede pero' un investimento strutturale nel sistema giudiziario che nessun governo italiano ha mai deciso di fare in modo convincente.

Le riforme parziali e i rattoppi legislativi sulla prescrizione continueranno probabilmente a succedersi finche' non si affrontera' il nodo centrale: un paese che non investe nella giustizia come servizio pubblico essenziale ottiene una giustizia che non funziona. E una giustizia che non funziona produce impunita'. L'impunita' erode la fiducia nelle istituzioni. La fiducia nelle istituzioni e' il fondamento dello stato di diritto. Il cerchio si chiude, e non in modo rassicurante. Per comprendere appieno la portata di questo problema e' necessario guardare non solo ai numeri aggregati ma alle singole storie che li compongono. Ogni statistica nasconde una vicenda umana concreta: una famiglia che aspetta giustizia, un imputato che vive nell'incertezza, una vittima che si sente abbandonata dalle istituzioni che avrebbero dovuto proteggerla. I dati ci dicono che il sistema non funziona; le storie ci dicono perche' questo conta.

Il confronto con i sistemi europei che funzionano meglio e' illuminante non perche' si tratti di copiare acriticamente modelli stranieri, ma perche' dimostra che soluzioni diverse sono possibili all'interno di culture giuridiche simili e di contesti storici comparabili. La Germania, la Francia, l'Olanda, i paesi nordici — non sono pianeti diversi. Sono democrazie con sistemi giuridici di civil law come l'Italia, con storie di criminalita' e di riforma della giustizia, con risorse non illimitate. Se riescono a fare di meglio, e' perche' hanno fatto scelte diverse — di investimento, di priorita', di cultura istituzionale.

Le riforme necessarie sono note. Le ha descritte la dottrina giuridica, le ha raccomandate la Commissione europea, le hanno indicate i rapporti delle commissioni parlamentari succedutesi negli anni. Il problema non e' la mancanza di idee: e' la mancanza di volonta' politica di attuarle. E la volonta' politica di attuarle dipende, in ultima analisi, dall'interesse dei cittadini: se i cittadini italiani iniziassero a valutare la giustizia come un criterio prioritario di scelta politica — come valutano la sanita', la scuola, l'economia — i governi troverebbero il modo di fare le riforme necessarie. Finora non e' stato cosi'.

Ma qualcosa si sta muovendo. Le riforme degli ultimi anni — pur imperfette e parziali — mostrano che il tema e' diventato impossibile da ignorare. La pressione dell'Unione Europea attraverso i fondi del PNRR — che condiziona parte degli aiuti economici all'efficienza del sistema giudiziario — ha introdotto un vincolo esterno che i governi italiani non possono eludere. La societa' civile — le associazioni di vittime, i giornalisti di inchiesta, i ricercatori — continua a produrre dati e analisi che rendono sempre piu' difficile nascondere il problema sotto il tappeto.

La certezza della pena e' il fondamento di qualsiasi sistema di convivenza civile degno di questo nome. Senza di essa, le leggi sono teatro. Con essa, le leggi sono strumento di civilta'. L'Italia puo' avercela. Ma deve decidersi a volerla davvero. Dobbiamo essere onesti su cosa significa riformare il sistema giudiziario italiano in modo strutturale. Significa resistere alla tentazione dei proclami facili e delle misure simboliche. Significa accettare che i risultati arriveranno in anni, non in settimane. Significa spendere denaro pubblico su qualcosa che non produce voti immediati. E significa costruire consenso attorno a scelte difficili invece di cedere alle pressioni dei vari gruppi di interesse che ogni riforma tocca.

E' un progetto di lungo periodo, e la politica italiana non ama i progetti di lungo periodo. Ma e' l'unico progetto che funziona. Ogni aggiustamento tecnico, ogni piccola modifica alla prescrizione, ogni inasprimento delle pene sulla carta senza risorse per applicarle — sono palliativi che non risolvono il problema e spesso lo aggravano creando aspettative deluse e ulteriore cinismo.

La storia insegna che le grandi riforme dei sistemi giudiziari avvengono quando c'e' una combinazione di pressione esterna (l'Europa, i mercati finanziari, i partner internazionali), crisi interna di legittimita' (la percezione che il sistema sia irrimediabilmente compromesso), e leadership politica disposta a investire il proprio capitale su un'agenda di lungo periodo. L'Italia ha vissuto momenti in cui queste tre condizioni si sono avvicinate. La speranza e' che si ripresentino, e che questa volta producano una riforma all'altezza del problema. E' importante soffermarsi su un aspetto che il dibattito politico tende a trascurare: il costo umano dell'impunita' non si misura solo in termini di crimini commessi o di crimini impuniti. Si misura anche in termini di sfiducia, di cinismo, di dis-impegno civico. Quando i cittadini vedono che il sistema non funziona, che i potenti la fanno franca, che la giustizia arriva in ritardo o non arriva affatto, la risposta normale e' il ritiro: non ci si fida delle istituzioni, non si collabora con le forze dell'ordine, non si denuncia. Questo ritiro e' razionale dal punto di vista del singolo cittadino, ma e' devastante per il tessuto sociale complessivo.

La fiducia nelle istituzioni e' un bene pubblico: una volta erosa e' molto difficile da ricostruire. L'Italia degli anni settanta e ottanta ha vissuto la stagione del terrorismo politico in parte a causa di una sfiducia profonda nelle istituzioni, percepite come al servizio dei potenti e non dei cittadini. Non stiamo vivendo quella stagione, per fortuna. Ma i semi della sfiducia che produce impegno civico negativo invece di positivo sono presenti ogni volta che un politico corrotto la fa franca, ogni volta che un processo prescrive, ogni volta che una vittima aspetta anni senza ottenere risposta.

Recuperare la fiducia nei confronti del sistema giudiziario richiede quindi non solo riforme tecniche — per quanto necessarie — ma anche una comunicazione diversa sui risultati raggiunti e su quelli mancati, una maggiore trasparenza sui dati di funzionamento del sistema, e un dibattito pubblico che sia all'altezza della complessita' del problema. La semplificazione populista — i giudici sono tutti comunisti, o i politici sono tutti corrotti, o bisogna buttare via la chiave — non aiuta. E' una risposta emotiva a un problema strutturale, e produce solo ulteriore polarizzazione senza avanzare di un millimetro verso la soluzione.

Il ruolo dell'educazione civica e' spesso sottovalutato in questo contesto. Un cittadino che capisce come funziona il sistema giudiziario, che conosce i propri diritti e i propri doveri, che sa distinguere tra garantismo e impunita', tra giustizialismo e tutela delle vittime — e' un cittadino che puo' partecipare al dibattito pubblico in modo costruttivo e che puo' esercitare pressione politica in modo informato. La scuola italiana, nella formazione di questa consapevolezza, ha ancora molto lavoro da fare.

Guardando avanti, ci sono ragioni caute di ottimismo. La generazione di magistrati e di funzionari pubblici che sta entrando nel sistema in questi anni e' spesso piu' orientata all'efficienza e alla modernizzazione di quanto non fossero le generazioni precedenti. Le tecnologie digitali che stanno penetrando il sistema giudiziario — pur lentamente — stanno producendo efficienze reali in alcune sedi. La pressione europea sui risultati, legata ai fondi del PNRR, sta creando incentivi che prima non esistevano. E la societa' civile italiana — quella delle associazioni antimafia, dei giornalisti di inchiesta, degli avvocati che difendono i diritti delle vittime, dei ricercatori che producono analisi rigorose — continua a funzionare come presidio di controllo e di pressione.

Non basta, naturalmente. Il divario tra dove siamo e dove dovremmo essere rimane enorme. Ma il fatto che esista un dibattito pubblico informato sulla giustizia, che i dati siano accessibili e analizzati, che le riforme vengano almeno discusse — e' una condizione necessaria per il cambiamento, anche se non sufficiente.

Punti Chiave del Capitolo

* La prescrizione estingue decine di migliaia di procedimenti ogni anno; il problema non e' la prescrizione in se' ma la sua combinazione con la lentezza del processo.

* L'effetto selettivo e' documentato: la prescrizione falcidia molto piu' i reati finanziari e di corruzione che i reati violenti.

* Le riforme sulla prescrizione si sono succedute senza risolvere il problema di fondo perche' nessuna ha affrontato la durata dei processi.

* La vittima di un reato prescritto ha partecipato al processo per anni e alla fine non ottiene ne' condanna ne' risarcimento in sede penale.

* La soluzione strutturale e' unica: processi piu' rapidi che rendano la prescrizione irrilevante nella pratica.

Capitolo Tre

Il Carcere che Non Riabilita

Sovraffollamento, condizioni inumane, recidiva altissima: perche' il carcere italiano non funziona ne' come pena ne' come rieducazione

---

"Il grado di civilta' di una nazione si misura dalle sue prigioni."

-- Fedor Dostoevskij

Il paradosso del carcere: pieno di detenuti, vuoto di risultati

Il sistema carcerario italiano e' in uno stato permanente di crisi. Le carceri sono cronicamente sovraffollate, le condizioni di detenzione sono state piu' volte giudicate inumane o degradanti dalla Corte Europea dei Diritti dell'Uomo, il tasso di recidiva e' alto, e il reinserimento sociale dei detenuti e' un obiettivo proclamato ma raramente raggiunto.

I dati di partenza: le strutture penitenziarie italiane hanno una capienza regolamentare di circa 51.000 posti. I detenuti presenti oscillano strutturalmente tra i 55.000 e i 60.000, con punte piu' alte in certi periodi. Il sovraffollamento e' una costante da decenni, con variazioni ma senza mai una riduzione strutturale al di sotto della capienza.

All'interno di questo numero generale ci sono alcune distribuzioni interessanti. Una quota significativa dei detenuti — storicamente intorno al 30-35% — e' in custodia cautelare: sono persone che non hanno ancora una condanna definitiva e che quindi, in principio, sono ancora da considerarsi innocenti. Tra questi ci sono persone che resteranno in custodia cautelare per mesi o anni prima che il processo arrivi a sentenza, e alcune di queste scontano in carcere piu' tempo di quanto poi glielo richiedera' la pena definitiva.

Tra i detenuti definitivi, la distribuzione per reato mostra che i reati di droga sono tra i piu' rappresentati, seguiti dai reati contro il patrimonio e dai reati violenti. I reati finanziari e di corruzione rappresentano una percentuale molto bassa della popolazione carceraria, in modo del tutto sproporzionato rispetto alla loro incidenza economica e sociale.

Il carcere, nella sua funzione teorica, dovrebbe servire a tre scopi: punire il colpevole, dissuadere gli altri dal commettere reati, e rieducare il condannato per permetterne il reinserimento. Il carcere italiano fallisce in modo significativo su tutte e tre le dimensioni, ma il fallimento piu' documentato e' quello della rieducazione. Per comprendere appieno la portata di questo problema e' necessario guardare non solo ai numeri aggregati ma alle singole storie che li compongono. Ogni statistica nasconde una vicenda umana concreta: una famiglia che aspetta giustizia, un imputato che vive nell'incertezza, una vittima che si sente abbandonata dalle istituzioni che avrebbero dovuto proteggerla. I dati ci dicono che il sistema non funziona; le storie ci dicono perche' questo conta.

Il confronto con i sistemi europei che funzionano meglio e' illuminante non perche' si tratti di copiare acriticamente modelli stranieri, ma perche' dimostra che soluzioni diverse sono possibili all'interno di culture giuridiche simili e di contesti storici comparabili. La Germania, la Francia, l'Olanda, i paesi nordici — non sono pianeti diversi. Sono democrazie con sistemi giuridici di civil law come l'Italia, con storie di criminalita' e di riforma della giustizia, con risorse non illimitate. Se riescono a fare di meglio, e' perche' hanno fatto scelte diverse — di investimento, di priorita', di cultura istituzionale.

Le riforme necessarie sono note. Le ha descritte la dottrina giuridica, le ha raccomandate la Commissione europea, le hanno indicate i rapporti delle commissioni parlamentari succedutesi negli anni. Il problema non e' la mancanza di idee: e' la mancanza di volonta' politica di attuarle. E la volonta' politica di attuarle dipende, in ultima analisi, dall'interesse dei cittadini: se i cittadini italiani iniziassero a valutare la giustizia come un criterio prioritario di scelta politica — come valutano la sanita', la scuola, l'economia — i governi troverebbero il modo di fare le riforme necessarie. Finora non e' stato cosi'.

Ma qualcosa si sta muovendo. Le riforme degli ultimi anni — pur imperfette e parziali — mostrano che il tema e' diventato impossibile da ignorare. La pressione dell'Unione Europea attraverso i fondi del PNRR — che condiziona parte degli aiuti economici all'efficienza del sistema giudiziario — ha introdotto un vincolo esterno che i governi italiani non possono eludere. La societa' civile — le associazioni di vittime, i giornalisti di inchiesta, i ricercatori — continua a produrre dati e analisi che rendono sempre piu' difficile nascondere il problema sotto il tappeto.

La certezza della pena e' il fondamento di qualsiasi sistema di convivenza civile degno di questo nome.

Senza di essa, le leggi sono teatro. Con essa, le leggi sono strumento di civilta'. L'Italia puo' avercela. Ma deve decidersi a volerla davvero. Dobbiamo essere onesti su cosa significa riformare il sistema giudiziario italiano in modo strutturale. Significa resistere alla tentazione dei proclami facili e delle misure simboliche. Significa accettare che i risultati arriveranno in anni, non in settimane. Significa spendere denaro pubblico su qualcosa che non produce voti immediati. E significa costruire consenso attorno a scelte difficili invece di cedere alle pressioni dei vari gruppi di interesse che ogni riforma tocca.

E' un progetto di lungo periodo, e la politica italiana non ama i progetti di lungo periodo. Ma e' l'unico progetto che funziona. Ogni aggiustamento tecnico, ogni piccola modifica alla prescrizione, ogni inasprimento delle pene sulla carta senza risorse per applicarle — sono palliativi che non risolvono il problema e spesso lo aggravano creando aspettative deluse e ulteriore cinismo.

La storia insegna che le grandi riforme dei sistemi giudiziari avvengono quando c'e' una combinazione di pressione esterna (l'Europa, i mercati finanziari, i partner internazionali), crisi interna di legittimita' (la percezione che il sistema sia irrimediabilmente compromesso), e

leadership politica disposta a investire il proprio capitale su un'agenda di lungo periodo. L'Italia ha vissuto momenti in cui queste tre condizioni si sono avvicinate. La speranza e' che si ripresentino, e che questa volta producano una riforma all'altezza del problema. E' importante soffermarsi su un aspetto che il dibattito politico tende a trascurare: il costo umano dell'impunita' non si misura solo in termini di crimini commessi o di crimini impuniti. Si misura anche in termini di sfiducia, di cinismo, di dis-impegno civico. Quando i cittadini vedono che il sistema non funziona, che i potenti la fanno franca, che la giustizia arriva in ritardo o non arriva affatto, la risposta normale e' il ritiro: non ci si fida delle istituzioni, non si collabora con le forze dell'ordine, non si denuncia. Questo ritiro e' razionale dal punto di vista del singolo cittadino, ma e' devastante per il tessuto sociale complessivo.

La fiducia nelle istituzioni e' un bene pubblico: una volta erosa e' molto difficile da ricostruire. L'Italia degli anni settanta e ottanta ha vissuto la stagione del terrorismo politico in parte a causa di una sfiducia profonda nelle istituzioni, percepite come al servizio dei potenti e non dei cittadini. Non stiamo vivendo quella stagione, per fortuna. Ma i semi della sfiducia che produce impegno civico negativo invece di positivo sono

presenti ogni volta che un politico corrotto la fa franca, ogni volta che un processo prescrive, ogni volta che una vittima aspetta anni senza ottenere risposta.

Recuperare la fiducia nei confronti del sistema giudiziario richiede quindi non solo riforme tecniche — per quanto necessarie — ma anche una comunicazione diversa sui risultati raggiunti e su quelli mancati, una maggiore trasparenza sui dati di funzionamento del sistema, e un dibattito pubblico che sia all'altezza della complessita' del problema. La semplificazione populista — i giudici sono tutti comunisti, o i politici sono tutti corrotti, o bisogna buttare via la chiave — non aiuta. E' una risposta emotiva a un problema strutturale, e produce solo ulteriore polarizzazione senza avanzare di un millimetro verso la soluzione.

Il ruolo dell'educazione civica e' spesso sottovalutato in questo contesto. Un cittadino che capisce come funziona il sistema giudiziario, che conosce i propri diritti e i propri doveri, che sa distinguere tra garantismo e impunita', tra giustizialismo e tutela delle vittime — e' un cittadino che puo' partecipare al dibattito pubblico in modo costruttivo e che puo' esercitare pressione politica in modo informato. La scuola italiana, nella formazione di questa consapevolezza, ha ancora molto lavoro da

fare.

Guardando avanti, ci sono ragioni caute di ottimismo. La generazione di magistrati e di funzionari pubblici che sta entrando nel sistema in questi anni e' spesso piu' orientata all'efficienza e alla modernizzazione di quanto non fossero le generazioni precedenti. Le tecnologie digitali che stanno penetrando il sistema giudiziario — pur lentamente — stanno producendo efficienze reali in alcune sedi. La pressione europea sui risultati, legata ai fondi del PNRR, sta creando incentivi che prima non esistevano. E la societa' civile italiana — quella delle associazioni antimafia, dei giornalisti di inchiesta, degli avvocati che difendono i diritti delle vittime, dei ricercatori che producono analisi rigorose — continua a funzionare come presidio di controllo e di pressione.

Non basta, naturalmente. Il divario tra dove siamo e dove dovremmo essere rimane enorme. Ma il fatto che esista un dibattito pubblico informato sulla giustizia, che i dati siano accessibili e analizzati, che le riforme vengano almeno discusse — e' una condizione necessaria per il cambiamento, anche se non sufficiente.

=

La recidiva: il numero che smaschera il fallimento del sistema

Il tasso di recidiva — la percentuale di ex detenuti che commettono nuovi reati dopo la scarcerazione — e' l'indicatore piu' diretto del successo o del fallimento del sistema penale nella sua funzione di prevenzione speciale e di rieducazione.

I dati sulla recidiva in Italia indicano costantemente tassi tra il 60% e il 70% entro cinque anni dalla scarcerazione. Questo significa che tra il 60% e il 70% di chi esce dal carcere torna a commettere reati nel medio periodo.

Questi numeri vanno letti con una precisazione: la recidiva non e' uguale per tutti i tipi di reato e per tutti i percorsi detentivi. Chi ha usufruito di misure alternative alla detenzione ha tassi di recidiva significativamente piu' bassi rispetto a chi ha scontato l'intera pena in carcere. Chi ha avuto accesso a programmi di lavoro, istruzione e supporto psicologico in carcere ha tassi di recidiva piu' bassi rispetto a chi ha trascorso il tempo in ozio forzato.

Questo pattern ha implicazioni dirette per la politica penale: investire nella rieducazione, nel lavoro carcerario, nell'istruzione, nelle misure alternative, nel supporto post-scarcerazione produce una riduzione della recidiva che si traduce direttamente in meno reati, meno vittime, meno costi per il sistema giudiziario e carcerario. E' un investimento che si ripaga.

Il confronto internazionale e' ancora una volta istruttivo: paesi come la Norvegia e la Finlandia, che hanno strutturato il carcere come luogo di rieducazione con ampi programmi di lavoro, istruzione e supporto psicologico, hanno tassi di recidiva tra il 20% e il 30% — la meta' o meno di quelli italiani. Il carcere nordico e' strutturalmente diverso da quello italiano: piu' piccolo, piu' simile a un centro di reinserimento che a una struttura detentiva tradizionale, con molto meno isolamento e molto piu' supporto. E funziona meglio come strumento di riduzione della criminalita'. Per comprendere appieno la portata di questo problema e' necessario guardare non solo ai numeri aggregati ma alle singole storie che li compongono. Ogni statistica nasconde una vicenda umana concreta: una famiglia che aspetta giustizia, un imputato che vive nell'incertezza, una vittima che si sente abbandonata dalle istituzioni che avrebbero dovuto proteggerla. I dati ci dicono che il sistema non funziona; le storie ci dicono perche' questo conta.

Il confronto con i sistemi europei che funzionano meglio e' illuminante non perche' si tratti di copiare acriticamente modelli stranieri, ma perche' dimostra che soluzioni diverse sono possibili all'interno di culture giuridiche simili e di contesti storici comparabili. La Germania, la Francia, l'Olanda, i paesi nordici — non sono pianeti diversi. Sono democrazie con sistemi giuridici di civil law come l'Italia, con storie di criminalita' e di riforma della giustizia, con risorse non illimitate. Se riescono a fare di meglio, e' perche' hanno fatto scelte diverse — di investimento, di priorita', di cultura istituzionale.

Le riforme necessarie sono note. Le ha descritte la dottrina giuridica, le ha raccomandate la Commissione europea, le hanno indicate i rapporti delle commissioni parlamentari succedutesi negli anni. Il problema non e' la mancanza di idee: e' la mancanza di volonta' politica di attuarle. E la volonta' politica di attuarle dipende, in ultima analisi, dall'interesse dei cittadini: se i cittadini italiani iniziassero a valutare la giustizia come un criterio prioritario di scelta politica — come valutano la sanita', la scuola, l'economia — i governi troverebbero il modo di fare le riforme necessarie. Finora non e' stato cosi'.

Ma qualcosa si sta muovendo. Le riforme degli ultimi anni — pur imperfette e parziali — mostrano che il tema e' diventato impossibile da ignorare. La pressione dell'Unione Europea attraverso i fondi del PNRR — che condiziona parte degli aiuti economici all'efficienza del sistema giudiziario — ha introdotto un vincolo esterno che i governi italiani non possono eludere. La societa' civile — le associazioni di vittime, i giornalisti di inchiesta, i ricercatori — continua a produrre dati e analisi che rendono sempre piu' difficile nascondere il problema sotto il tappeto.

La certezza della pena e' il fondamento di qualsiasi sistema di convivenza civile degno di questo nome. Senza di essa, le leggi sono teatro. Con essa, le leggi sono strumento di civilta'. L'Italia puo' avercela. Ma deve decidersi a volerla davvero. Dobbiamo essere onesti su cosa significa riformare il sistema giudiziario italiano in modo strutturale. Significa resistere alla tentazione dei proclami facili e delle misure simboliche. Significa accettare che i risultati arriveranno in anni, non in settimane. Significa spendere denaro pubblico su qualcosa che non produce voti immediati. E significa costruire consenso attorno a scelte difficili invece di cedere alle pressioni dei vari gruppi di interesse che ogni riforma tocca.

E' un progetto di lungo periodo, e la politica italiana non ama i progetti di lungo periodo. Ma e' l'unico progetto che funziona. Ogni aggiustamento tecnico, ogni piccola modifica alla prescrizione, ogni inasprimento delle pene sulla carta senza risorse per applicarle — sono palliativi che non risolvono il problema e spesso lo aggravano creando aspettative deluse e ulteriore cinismo.

La storia insegna che le grandi riforme dei sistemi giudiziari avvengono quando c'e' una combinazione di pressione esterna (l'Europa, i mercati finanziari, i partner internazionali), crisi interna di legittimita' (la percezione che il sistema sia irrimediabilmente compromesso), e leadership politica disposta a investire il proprio capitale su un'agenda di lungo periodo. L'Italia ha vissuto momenti in cui queste tre condizioni si sono avvicinate. La speranza e' che si ripresentino, e che questa volta producano una riforma all'altezza del problema. E' importante soffermarsi su un aspetto che il dibattito politico tende a trascurare: il costo umano dell'impunita' non si misura solo in termini di crimini commessi o di crimini impuniti. Si misura anche in termini di sfiducia, di cinismo, di dis-impegno civico. Quando i cittadini vedono che il sistema non funziona, che i potenti la fanno franca, che la giustizia arriva in ritardo o non arriva affatto, la risposta normale e' il ritiro: non ci si fida delle

istituzioni, non si collabora con le forze dell'ordine, non si denuncia. Questo ritiro e' razionale dal punto di vista del singolo cittadino, ma e' devastante per il tessuto sociale complessivo.

La fiducia nelle istituzioni e' un bene pubblico: una volta erosa e' molto difficile da ricostruire. L'Italia degli anni settanta e ottanta ha vissuto la stagione del terrorismo politico in parte a causa di una sfiducia profonda nelle istituzioni, percepite come al servizio dei potenti e non dei cittadini. Non stiamo vivendo quella stagione, per fortuna. Ma i semi della sfiducia che produce impegno civico negativo invece di positivo sono presenti ogni volta che un politico corrotto la fa franca, ogni volta che un processo prescrive, ogni volta che una vittima aspetta anni senza ottenere risposta.

Recuperare la fiducia nei confronti del sistema giudiziario richiede quindi non solo riforme tecniche — per quanto necessarie — ma anche una comunicazione diversa sui risultati raggiunti e su quelli mancati, una maggiore trasparenza sui dati di funzionamento del sistema, e un dibattito pubblico che sia all'altezza della complessita' del problema. La semplificazione populista — i giudici sono tutti comunisti, o i politici sono tutti corrotti, o bisogna buttare via la chiave — non aiuta. E'

una risposta emotiva a un problema strutturale, e produce solo ulteriore polarizzazione senza avanzare di un millimetro verso la soluzione.

Il ruolo dell'educazione civica e' spesso sottovalutato in questo contesto. Un cittadino che capisce come funziona il sistema giudiziario, che conosce i propri diritti e i propri doveri, che sa distinguere tra garantismo e impunita', tra giustizialismo e tutela delle vittime — e' un cittadino che puo' partecipare al dibattito pubblico in modo costruttivo e che puo' esercitare pressione politica in modo informato. La scuola italiana, nella formazione di questa consapevolezza, ha ancora molto lavoro da fare.

Guardando avanti, ci sono ragioni caute di ottimismo. La generazione di magistrati e di funzionari pubblici che sta entrando nel sistema in questi anni e' spesso piu' orientata all'efficienza e alla modernizzazione di quanto non fossero le generazioni precedenti. Le tecnologie digitali che stanno penetrando il sistema giudiziario — pur lentamente — stanno producendo efficienze reali in alcune sedi. La pressione europea sui risultati, legata ai fondi del PNRR, sta creando incentivi che prima non esistevano. E la societa' civile italiana — quella delle associazioni antimafia, dei giornalisti di

inchiesta, degli avvocati che difendono i diritti delle vittime, dei ricercatori che producono analisi rigorose — continua a funzionare come presidio di controllo e di pressione.

Non basta, naturalmente. Il divario tra dove siamo e dove dovremmo essere rimane enorme. Ma il fatto che esista un dibattito pubblico informato sulla giustizia, che i dati siano accessibili e analizzati, che le riforme vengano almeno discusse — e' una condizione necessaria per il cambiamento, anche se non sufficiente.

=

Il carcere e la salute mentale: un'emergenza silenziosa

Una delle dimensioni meno discusse del sistema carcerario italiano e' la sua funzione — non intenzionale ma reale — di deposito per le persone con problemi di salute mentale. La chiusura dei manicomi nel 1978 con la legge Basaglia e' stata una riforma fondamentale e sostanzialmente corretta. Ma l'alternativa — una rete di servizi territoriali di salute mentale adeguata — non e' mai stata costruita in modo sufficientemente capillare e finanziato.

Il risultato e' che molte persone con disturbi mentali gravi finiscono oggi nel carcere. Non perche' siano criminali pericolosi, ma perche' il loro disturbo mentale li porta a comportamenti che il sistema penale interpreta come crimini, e perche' non ci sono strutture intermedie adeguate. Le statistiche mostrano che la percentuale di detenuti con diagnosi di disturbo mentale e' molto piu' alta di quella della popolazione generale.

Le Residenze per l'Esecuzione delle Misure di Sicurezza (REMS) — create dopo la chiusura degli ospedali psichiatrici giudiziari — sono in numero largamente insufficiente rispetto alle necessita', con liste di attesa che mantengono in carcere persone che non vi dovrebbero stare. E' un fallimento organizzativo con conseguenze dirette su persone vulnerabili.

La salute mentale in carcere e' un'emergenza che richiede investimenti in psicologi, psichiatri e strutture adeguate all'interno degli istituti penitenziari, e una rete esterna di supporto che permetta di gestire i casi che non richiedono detenzione. Nessuno dei governi degli ultimi vent'anni ha affrontato questa emergenza in modo strutturale. Per comprendere appieno la portata di questo problema e' necessario guardare non solo ai numeri aggregati ma alle singole storie che li compongono. Ogni statistica nasconde una vicenda umana concreta: una famiglia che aspetta giustizia, un imputato che vive nell'incertezza, una vittima che si sente abbandonata dalle istituzioni che avrebbero dovuto proteggerla. I dati ci dicono che il sistema non funziona; le storie ci dicono perche' questo conta.

Il confronto con i sistemi europei che funzionano meglio e' illuminante non perche' si tratti di copiare acriticamente modelli stranieri, ma perche' dimostra che soluzioni diverse sono possibili all'interno di culture giuridiche simili e di contesti storici comparabili. La Germania, la Francia, l'Olanda, i paesi nordici — non sono pianeti diversi. Sono democrazie con sistemi giuridici di civil law come l'Italia, con storie di criminalita' e di riforma della giustizia, con risorse non illimitate. Se riescono a fare di meglio, e' perche' hanno fatto scelte diverse — di investimento, di priorita', di cultura istituzionale.

Le riforme necessarie sono note. Le ha descritte la dottrina giuridica, le ha raccomandate la Commissione europea, le hanno indicate i rapporti delle commissioni parlamentari succedutesi negli anni. Il problema non e' la mancanza di idee: e' la mancanza di volonta' politica di attuarle. E la volonta' politica di attuarle dipende, in ultima analisi, dall'interesse dei cittadini: se i cittadini italiani iniziassero a valutare la giustizia come un criterio prioritario di scelta politica — come valutano la sanita', la scuola, l'economia — i governi troverebbero il modo di fare le riforme necessarie. Finora non e' stato cosi'.

Ma qualcosa si sta muovendo. Le riforme degli ultimi anni — pur imperfette e parziali — mostrano che il tema e' diventato impossibile da ignorare. La pressione dell'Unione Europea attraverso i fondi del PNRR — che condiziona parte degli aiuti economici all'efficienza del sistema giudiziario — ha introdotto un vincolo esterno che i governi italiani non possono eludere. La societa' civile — le associazioni di vittime, i giornalisti di inchiesta, i ricercatori — continua a produrre dati e analisi che rendono sempre piu' difficile nascondere il problema sotto il tappeto.

La certezza della pena e' il fondamento di qualsiasi sistema di convivenza civile degno di questo nome. Senza di essa, le leggi sono teatro. Con essa, le leggi sono strumento di civilta'. L'Italia puo' avercela. Ma deve decidersi a volerla davvero. Dobbiamo essere onesti su cosa significa riformare il sistema giudiziario italiano in modo strutturale. Significa resistere alla tentazione dei proclami facili e delle misure simboliche. Significa accettare che i risultati arriveranno in anni, non in settimane. Significa spendere denaro pubblico su qualcosa che non produce voti immediati. E significa costruire consenso attorno a scelte difficili invece di cedere alle pressioni dei vari gruppi di interesse che ogni riforma tocca.

E' un progetto di lungo periodo, e la politica italiana non ama i progetti di lungo periodo. Ma e' l'unico progetto che funziona. Ogni aggiustamento tecnico, ogni piccola modifica alla prescrizione, ogni inasprimento delle pene sulla carta senza risorse per applicarle — sono palliativi che non risolvono il problema e spesso lo aggravano creando aspettative deluse e ulteriore cinismo.

La storia insegna che le grandi riforme dei sistemi giudiziari avvengono quando c'e' una combinazione di pressione esterna (l'Europa, i mercati finanziari, i partner internazionali), crisi interna di legittimita' (la percezione che il sistema sia irrimediabilmente compromesso), e leadership politica disposta a investire il proprio capitale su un'agenda di lungo periodo. L'Italia ha vissuto momenti in cui queste tre condizioni si sono avvicinate. La speranza e' che si ripresentino, e che questa volta producano una riforma all'altezza del problema. E' importante soffermarsi su un aspetto che il dibattito politico tende a trascurare: il costo umano dell'impunita' non si misura solo in termini di crimini commessi o di crimini impuniti. Si misura anche in termini di sfiducia, di cinismo, di dis-impegno civico. Quando i cittadini vedono che il sistema non funziona, che i potenti la fanno franca, che la giustizia arriva in ritardo o non arriva affatto, la risposta normale e' il ritiro: non ci si fida delle istituzioni, non si collabora con le forze dell'ordine, non si denuncia. Questo ritiro e' razionale dal punto di vista del singolo cittadino, ma e' devastante per il tessuto sociale complessivo.

La fiducia nelle istituzioni e' un bene pubblico: una volta erosa e' molto difficile da ricostruire. L'Italia degli anni settanta e ottanta ha vissuto la stagione del terrorismo politico in parte a causa di una sfiducia profonda nelle istituzioni, percepite come al servizio dei potenti e non dei cittadini. Non stiamo vivendo quella stagione, per fortuna. Ma i semi della sfiducia che produce impegno civico negativo invece di positivo sono presenti ogni volta che un politico corrotto la fa franca, ogni volta che un processo prescrive, ogni volta che una vittima aspetta anni senza ottenere risposta.

Recuperare la fiducia nei confronti del sistema giudiziario richiede quindi non solo riforme tecniche —

per quanto necessarie — ma anche una comunicazione diversa sui risultati raggiunti e su quelli mancati, una maggiore trasparenza sui dati di funzionamento del sistema, e un dibattito pubblico che sia all'altezza della complessita' del problema. La semplificazione populista — i giudici sono tutti comunisti, o i politici sono tutti corrotti, o bisogna buttare via la chiave — non aiuta. E' una risposta emotiva a un problema strutturale, e produce solo ulteriore polarizzazione senza avanzare di un millimetro verso la soluzione.

Il ruolo dell'educazione civica e' spesso sottovalutato in questo contesto. Un cittadino che capisce come funziona il sistema giudiziario, che conosce i propri diritti e i propri doveri, che sa distinguere tra garantismo e impunita', tra giustizialismo e tutela delle vittime — e' un cittadino che puo' partecipare al dibattito pubblico in modo costruttivo e che puo' esercitare pressione politica in modo informato. La scuola italiana, nella formazione di questa consapevolezza, ha ancora molto lavoro da fare.

Guardando avanti, ci sono ragioni caute di ottimismo. La generazione di magistrati e di funzionari pubblici che sta entrando nel sistema in questi anni e' spesso piu' orientata all'efficienza e alla modernizzazione di quanto non fossero le generazioni precedenti. Le tecnologie digitali che stanno penetrando il sistema giudiziario — pur lentamente — stanno producendo efficienze reali in alcune sedi. La pressione europea sui risultati, legata ai fondi del PNRR, sta creando incentivi che prima non esistevano. E la societa' civile italiana — quella delle associazioni antimafia, dei giornalisti di inchiesta, degli avvocati che difendono i diritti delle vittime, dei ricercatori che producono analisi rigorose — continua a funzionare come presidio di controllo e di pressione.

Non basta, naturalmente. Il divario tra dove siamo e dove dovremmo essere rimane enorme. Ma il fatto che esista un dibattito pubblico informato sulla giustizia, che i dati siano accessibili e analizzati, che le riforme vengano almeno discusse — e' una condizione necessaria per il cambiamento, anche se non sufficiente.

Punti Chiave del Capitolo

* Le carceri italiane sono strutturalmente sovraffollate; la Corte Europea ha condannato l'Italia per condizioni inumane di detenzione, e il problema e' rimasto sostanzialmente irrisolto.

* Il tasso di recidiva e' tra il 60 e il 70% entro cinque anni: il carcere italiano non rieduca, deposita.

* Le misure alternative alla detenzione funzionano meglio del carcere ma sono gestite da strutture sovraffollate con organici insufficienti.

* La distribuzione per tipo di reato dei detenuti mostra una sovrarappresentazione dei reati di droga e una sottorappresentazione dei reati finanziari e di corruzione.

* Il carcere italiano ospita una percentuale sproporzionata di persone con disturbi mentali, in assenza di strutture alternative adeguate.

Capitolo Quattro

La Corruzione e l'Evasione Fiscale: i Crimini che Quasi Non Costano Nulla

Come la criminalita' dei colletti bianchi in Italia goda di un trattamento di fatto privilegiato nel sistema penale

---

"La corruzione e' un crimine contro tutti. Ma solo raramente viene punita come tale."

-- Giulio Trentini

L'evasione fiscale italiana: dimensioni e impunita' relativa

L'evasione fiscale italiana e' tra le piu' alte d'Europa. Il gap fiscale — la differenza tra le tasse dovute e quelle effettivamente pagate — e' stimato dal Ministero dell'Economia intorno agli 80-90 miliardi di euro all'anno, anche se alcune stime non ufficiali sono ancora piu' alte. Per dare un parametro di confronto: questa cifra e' paragonabile a tutta la spesa sanitaria pubblica nazionale.

L'evasione fiscale in Italia non e' un fenomeno marginale o di nicchia: e' strutturale, diffusa in tutti i settori economici e sociali, e in parte socialmente tollerata. La percentuale di economia sommersa sul PIL e' tra le piu' alte dell'Unione Europea. Il lavoro nero, i pagamenti in contanti non dichiarati, le fatture false — sono pratiche talmente diffuse che molti cittadini non le percepiscono come reati veri e propri.

Dal punto di vista del sistema penale, l'evasione fiscale e' un reato perseguito penalmente solo oltre certe soglie. Ma anche per i casi piu' gravi, la strada verso la condanna penale definitiva e' lunga e piena di ostacoli. Le indagini per i reati tributari richiedono analisi contabili complesse e perizie che consumano anni. Il processo dura molto. La prescrizione falcidia una quota significativa di questi procedimenti.

Il risultato percepito — e il risultato reale — e' che l'evasione fiscale in Italia "paga": il rischio di essere scoperti e puniti e' basso, e anche quando questo accade le conseguenze sono spesso gestibili. Questo e' un fallimento della deterrenza: il sistema penale non riesce a rendere l'evasione fiscale sufficientemente costosa da disincentivarne la pratica su larga scala. Per comprendere appieno la portata di questo problema e' necessario guardare non solo ai numeri aggregati ma alle singole storie che li compongono. Ogni statistica nasconde una vicenda umana concreta: una famiglia che aspetta giustizia, un imputato che vive nell'incertezza, una vittima che si sente abbandonata dalle istituzioni che avrebbero dovuto proteggerla. I dati ci dicono che il sistema non funziona; le storie ci dicono perche' questo conta.

Il confronto con i sistemi europei che funzionano meglio e' illuminante non perche' si tratti di copiare acriticamente modelli stranieri, ma perche' dimostra che soluzioni diverse sono possibili all'interno di culture giuridiche simili e di contesti storici comparabili. La Germania, la Francia, l'Olanda, i paesi nordici — non sono pianeti diversi. Sono democrazie con sistemi giuridici di civil law come l'Italia, con storie di criminalita' e di riforma della giustizia, con risorse non illimitate. Se riescono a fare di meglio, e' perche' hanno fatto scelte diverse — di investimento, di priorita', di cultura istituzionale.

Le riforme necessarie sono note. Le ha descritte la dottrina giuridica, le ha raccomandate la Commissione europea, le hanno indicate i rapporti delle commissioni parlamentari succedutesi negli anni. Il problema non e' la mancanza di idee: e' la mancanza di volonta' politica di attuarle. E la volonta' politica di attuarle dipende, in ultima analisi, dall'interesse dei cittadini: se i cittadini italiani iniziassero a valutare la giustizia come un criterio prioritario di scelta politica — come valutano la sanita', la scuola, l'economia — i governi troverebbero il modo di fare le riforme necessarie. Finora non e' stato cosi'.

Ma qualcosa si sta muovendo. Le riforme degli ultimi anni — pur imperfette e parziali — mostrano che il tema e' diventato impossibile da ignorare. La pressione dell'Unione Europea attraverso i fondi del PNRR — che condiziona parte degli aiuti economici all'efficienza del sistema giudiziario — ha introdotto un vincolo esterno che i governi italiani non possono eludere. La societa' civile — le associazioni di vittime, i giornalisti di inchiesta, i ricercatori — continua a produrre dati e analisi che rendono sempre piu' difficile nascondere il problema sotto il tappeto.

La certezza della pena e' il fondamento di qualsiasi sistema di convivenza civile degno di questo nome. Senza di essa, le leggi sono teatro. Con essa, le leggi sono strumento di civilta'. L'Italia puo' avercela. Ma deve decidersi a volerla davvero. Dobbiamo essere onesti su cosa significa riformare il sistema giudiziario italiano in modo strutturale. Significa resistere alla tentazione dei proclami facili e delle misure simboliche. Significa accettare che i risultati arriveranno in anni, non in settimane. Significa spendere denaro pubblico su qualcosa che non produce voti immediati. E significa costruire consenso attorno a scelte difficili invece di cedere alle pressioni dei vari gruppi di interesse che ogni riforma tocca.

E' un progetto di lungo periodo, e la politica italiana non ama i progetti di lungo periodo. Ma e' l'unico progetto che funziona. Ogni aggiustamento tecnico, ogni piccola modifica alla prescrizione, ogni inasprimento delle pene sulla carta senza risorse per applicarle — sono palliativi che non risolvono il problema e spesso lo aggravano creando aspettative deluse e ulteriore cinismo.

La storia insegna che le grandi riforme dei sistemi giudiziari avvengono quando c'e' una combinazione di pressione esterna (l'Europa, i mercati finanziari, i partner internazionali), crisi interna di legittimita' (la percezione che il sistema sia irrimediabilmente compromesso), e leadership politica disposta a investire il proprio capitale su un'agenda di lungo periodo. L'Italia ha vissuto momenti in cui queste tre condizioni si sono avvicinate. La speranza e' che si ripresentino, e che questa volta producano una riforma all'altezza del problema. E' importante soffermarsi su un aspetto che il dibattito politico tende a trascurare: il costo umano dell'impunita' non si misura solo in termini di crimini commessi o di crimini impuniti. Si misura anche in termini di sfiducia, di cinismo, di dis-impegno civico. Quando i cittadini vedono che il sistema non funziona, che i potenti la fanno franca, che la giustizia arriva in ritardo o non arriva affatto, la risposta normale e' il ritiro: non ci si fida delle istituzioni, non si collabora con le forze dell'ordine, non si denuncia. Questo ritiro e' razionale dal punto di vista del singolo cittadino, ma e' devastante per il tessuto sociale complessivo.

La fiducia nelle istituzioni e' un bene pubblico: una volta erosa e' molto difficile da ricostruire. L'Italia degli anni settanta e ottanta ha vissuto la stagione del terrorismo politico in parte a causa di una sfiducia profonda nelle istituzioni, percepite come al servizio dei potenti e non dei cittadini. Non stiamo vivendo quella stagione, per fortuna. Ma i semi della sfiducia che produce impegno civico negativo invece di positivo sono presenti ogni volta che un politico corrotto la fa franca, ogni volta che un processo prescrive, ogni volta che una vittima aspetta anni senza ottenere risposta.

Recuperare la fiducia nei confronti del sistema giudiziario richiede quindi non solo riforme tecniche — per quanto necessarie — ma anche una comunicazione diversa sui risultati raggiunti e su quelli mancati, una maggiore trasparenza sui dati di funzionamento del sistema, e un dibattito pubblico che sia all'altezza della complessita' del problema. La semplificazione populista — i giudici sono tutti comunisti, o i politici sono tutti corrotti, o bisogna buttare via la chiave — non aiuta. E' una risposta emotiva a un problema strutturale, e produce solo ulteriore polarizzazione senza avanzare di un millimetro verso la soluzione.

Il ruolo dell'educazione civica e' spesso sottovalutato in questo contesto. Un cittadino che capisce come funziona il sistema giudiziario, che conosce i propri diritti e i propri doveri, che sa distinguere tra garantismo e impunita', tra giustizialismo e tutela delle vittime — e' un cittadino che puo' partecipare al dibattito pubblico in modo costruttivo e che puo' esercitare pressione politica in modo informato. La scuola italiana, nella formazione di questa consapevolezza, ha ancora molto lavoro da fare.

Guardando avanti, ci sono ragioni caute di ottimismo. La generazione di magistrati e di funzionari pubblici che sta entrando nel sistema in questi anni e' spesso piu' orientata all'efficienza e alla modernizzazione di quanto non fossero le generazioni precedenti. Le tecnologie digitali che stanno penetrando il sistema giudiziario — pur lentamente — stanno producendo efficienze reali in alcune sedi. La pressione europea sui risultati, legata ai fondi del PNRR, sta creando incentivi che prima non esistevano. E la societa' civile italiana — quella delle associazioni antimafia, dei giornalisti di inchiesta, degli avvocati che difendono i diritti delle vittime, dei ricercatori che producono analisi rigorose — continua a funzionare come presidio di controllo e di pressione.

Non basta, naturalmente. Il divario tra dove siamo e dove dovremmo essere rimane enorme. Ma il fatto che esista un dibattito pubblico informato sulla giustizia, che i dati siano accessibili e analizzati, che le riforme vengano almeno discusse — e' una condizione necessaria per il cambiamento, anche se non sufficiente.

=

Il ruolo delle intercettazioni: uno strumento essenziale sotto attacco

Le intercettazioni telefoniche e ambientali sono uno degli strumenti investigativi fondamentali per combattere la corruzione, la criminalita' organizzata e i reati finanziari. Senza intercettazioni, la maggior parte delle indagini su questi reati si aresterebbe: le prove dirette non esistono, e sono le comunicazioni tra i soggetti coinvolti che permettono di ricostruire l'accordo illecito.

L'Italia ha un sistema di intercettazioni tra i piu' utilizzati in Europa, in termini di numero di utenze controllate e di costo complessivo per il sistema. Questo dato viene spesso citato dai critici come prova di un abuso dello strumento. Ma va letto nel contesto di un paese con alti livelli di criminalita' organizzata e di corruzione: sono esattamente questi i contesti in cui le intercettazioni sono necessarie.

Il problema reale delle intercettazioni non e' la loro esistenza ma la loro gestione, in particolare rispetto alla diffusione mediatica di conversazioni che riguardano persone poi risultate innocenti o che contengono informazioni irrilevanti per le indagini. La soluzione a questo problema e' una migliore regolazione della pubblicazione dei contenuti, non la limitazione dello strumento investigativo.

Le riforme sulle intercettazioni degli ultimi anni si sono mosse in una direzione che limita l'utilizzo dello strumento in certi contesti. Ogni limitazione delle intercettazioni — strumento per eccellenza delle indagini su corruzione e criminalita' organizzata — ha un costo diretto sull'efficacia di quelle indagini. E' un trade-off che merita una discussione onesta, non una riforma guidata dagli interessi di chi e' sotto indagine. Per comprendere appieno la portata di questo problema e' necessario guardare non solo ai numeri aggregati ma alle singole storie che li compongono. Ogni statistica nasconde una vicenda umana concreta: una famiglia che aspetta giustizia, un imputato che vive nell'incertezza, una vittima che si sente abbandonata dalle istituzioni che avrebbero dovuto proteggerla. I dati ci dicono che il sistema non funziona; le storie ci dicono perche' questo conta.

Il confronto con i sistemi europei che funzionano meglio e' illuminante non perche' si tratti di copiare acriticamente modelli stranieri, ma perche' dimostra che soluzioni diverse sono possibili all'interno di culture giuridiche simili e di contesti storici comparabili. La Germania, la Francia, l'Olanda, i paesi nordici — non

sono pianeti diversi. Sono democrazie con sistemi giuridici di civil law come l'Italia, con storie di criminalita' e di riforma della giustizia, con risorse non illimitate. Se riescono a fare di meglio, e' perche' hanno fatto scelte diverse — di investimento, di priorita', di cultura istituzionale.

Le riforme necessarie sono note. Le ha descritte la dottrina giuridica, le ha raccomandate la Commissione europea, le hanno indicate i rapporti delle commissioni parlamentari succedutesi negli anni. Il problema non e' la mancanza di idee: e' la mancanza di volonta' politica di attuarle. E la volonta' politica di attuarle dipende, in ultima analisi, dall'interesse dei cittadini: se i cittadini italiani iniziassero a valutare la giustizia come un criterio prioritario di scelta politica — come valutano la sanita', la scuola, l'economia — i governi troverebbero il modo di fare le riforme necessarie. Finora non e' stato cosi'.

Ma qualcosa si sta muovendo. Le riforme degli ultimi anni — pur imperfette e parziali — mostrano che il tema e' diventato impossibile da ignorare. La pressione dell'Unione Europea attraverso i fondi del PNRR — che condiziona parte degli aiuti economici all'efficienza del sistema giudiziario — ha introdotto un vincolo esterno che i governi italiani non possono eludere. La societa'

civile — le associazioni di vittime, i giornalisti di inchiesta, i ricercatori — continua a produrre dati e analisi che rendono sempre piu' difficile nascondere il problema sotto il tappeto.

La certezza della pena e' il fondamento di qualsiasi sistema di convivenza civile degno di questo nome. Senza di essa, le leggi sono teatro. Con essa, le leggi sono strumento di civilta'. L'Italia puo' avercela. Ma deve decidersi a volerla davvero. Dobbiamo essere onesti su cosa significa riformare il sistema giudiziario italiano in modo strutturale. Significa resistere alla tentazione dei proclami facili e delle misure simboliche. Significa accettare che i risultati arriveranno in anni, non in settimane. Significa spendere denaro pubblico su qualcosa che non produce voti immediati. E significa costruire consenso attorno a scelte difficili invece di cedere alle pressioni dei vari gruppi di interesse che ogni riforma tocca.

E' un progetto di lungo periodo, e la politica italiana non ama i progetti di lungo periodo. Ma e' l'unico progetto che funziona. Ogni aggiustamento tecnico, ogni piccola modifica alla prescrizione, ogni inasprimento delle pene sulla carta senza risorse per applicarle — sono palliativi che non risolvono il problema e spesso lo

aggravano creando aspettative deluse e ulteriore cinismo.

La storia insegna che le grandi riforme dei sistemi giudiziari avvengono quando c'e' una combinazione di pressione esterna (l'Europa, i mercati finanziari, i partner internazionali), crisi interna di legittimita' (la percezione che il sistema sia irrimediabilmente compromesso), e leadership politica disposta a investire il proprio capitale su un'agenda di lungo periodo. L'Italia ha vissuto momenti in cui queste tre condizioni si sono avvicinate. La speranza e' che si ripresentino, e che questa volta producano una riforma all'altezza del problema. E' importante soffermarsi su un aspetto che il dibattito politico tende a trascurare: il costo umano dell'impunita' non si misura solo in termini di crimini commessi o di crimini impuniti. Si misura anche in termini di sfiducia, di cinismo, di dis-impegno civico. Quando i cittadini vedono che il sistema non funziona, che i potenti la fanno franca, che la giustizia arriva in ritardo o non arriva affatto, la risposta normale e' il ritiro: non ci si fida delle istituzioni, non si collabora con le forze dell'ordine, non si denuncia. Questo ritiro e' razionale dal punto di vista del singolo cittadino, ma e' devastante per il tessuto sociale complessivo.

La fiducia nelle istituzioni e' un bene pubblico: una volta erosa e' molto difficile da ricostruire. L'Italia degli anni settanta e ottanta ha vissuto la stagione del terrorismo politico in parte a causa di una sfiducia profonda nelle istituzioni, percepite come al servizio dei potenti e non dei cittadini. Non stiamo vivendo quella stagione, per fortuna. Ma i semi della sfiducia che produce impegno civico negativo invece di positivo sono presenti ogni volta che un politico corrotto la fa franca, ogni volta che un processo prescrive, ogni volta che una vittima aspetta anni senza ottenere risposta.

Recuperare la fiducia nei confronti del sistema giudiziario richiede quindi non solo riforme tecniche — per quanto necessarie — ma anche una comunicazione diversa sui risultati raggiunti e su quelli mancati, una maggiore trasparenza sui dati di funzionamento del sistema, e un dibattito pubblico che sia all'altezza della complessita' del problema. La semplificazione populista — i giudici sono tutti comunisti, o i politici sono tutti corrotti, o bisogna buttare via la chiave — non aiuta. E' una risposta emotiva a un problema strutturale, e produce solo ulteriore polarizzazione senza avanzare di un millimetro verso la soluzione.

Il ruolo dell'educazione civica e' spesso sottovalutato in questo contesto. Un cittadino che capisce come funziona il sistema giudiziario, che conosce i propri diritti e i propri doveri, che sa distinguere tra garantismo e impunita', tra giustizialismo e tutela delle vittime — e' un cittadino che puo' partecipare al dibattito pubblico in modo costruttivo e che puo' esercitare pressione politica in modo informato. La scuola italiana, nella formazione di questa consapevolezza, ha ancora molto lavoro da fare.

Guardando avanti, ci sono ragioni caute di ottimismo. La generazione di magistrati e di funzionari pubblici che sta entrando nel sistema in questi anni e' spesso piu' orientata all'efficienza e alla modernizzazione di quanto non fossero le generazioni precedenti. Le tecnologie digitali che stanno penetrando il sistema giudiziario — pur lentamente — stanno producendo efficienze reali in alcune sedi. La pressione europea sui risultati, legata ai fondi del PNRR, sta creando incentivi che prima non esistevano. E la societa' civile italiana — quella delle associazioni antimafia, dei giornalisti di inchiesta, degli avvocati che difendono i diritti delle vittime, dei ricercatori che producono analisi rigorose — continua a funzionare come presidio di controllo e di pressione.

Non basta, naturalmente. Il divario tra dove siamo e dove dovremmo essere rimane enorme. Ma il fatto che esista un dibattito pubblico informato sulla giustizia, che i dati siano accessibili e analizzati, che le riforme vengano almeno discusse — e' una condizione necessaria per il cambiamento, anche se non sufficiente.

=

Cosa funziona nel contrasto alla criminalita' finanziaria: le best practice

Nonostante il quadro critico delineato, esistono esempi di successo nel contrasto alla criminalita' finanziaria che mostrano cosa e' possibile quando le risorse e la volonta' politica ci sono.

La Guardia di Finanza italiana e' una delle forze di polizia economico-finanziaria piu' sofisticate d'Europa, con competenze investigative in materia fiscale, doganale e di contrasto alla criminalita' organizzata di livello internazionale. I risultati in termini di sequestri di beni illeciti, recupero di imposte evase, smantellamento di reti di frode fiscale sono significativi quando ci sono risorse e priorita' politica.

Le Direzioni Distrettuali Antimafia hanno dimostrato, in alcuni distretti, una capacita' investigativa di alto livello che ha portato a processi importanti contro la criminalita' organizzata. Il modello del pool antimafia creato da Falcone e Borsellino a Palermo negli anni ottanta ha prodotto risultati che il sistema generalista non avrebbe mai potuto ottenere.

A livello europeo, la Procura Europea (EPPO), operativa dal 2021, ha il mandato di indagare e perseguire i reati che ledono gli interessi finanziari dell'Unione Europea. Il modello di una procura specializzata con risorse dedicate e coordinamento internazionale e' piu' efficace di quello generalista proprio su questi tipi di reato.

Queste esperienze di successo mostrano un pattern comune: specializzazione, risorse adeguate, coordinamento, e continuita'. Dove questi elementi ci sono, il contrasto alla criminalita' finanziaria funziona. Dove non ci sono, il divario tra la legge scritta e la realta' applicata diventa abissale. Per comprendere appieno la portata di questo problema e' necessario guardare non solo ai numeri aggregati ma alle singole storie che li compongono. Ogni statistica nasconde una vicenda umana concreta: una famiglia che aspetta giustizia, un imputato che vive nell'incertezza, una vittima che si sente abbandonata dalle istituzioni che avrebbero dovuto proteggerla. I dati ci dicono che il sistema non funziona; le storie ci dicono perche' questo conta.

Il confronto con i sistemi europei che funzionano meglio e' illuminante non perche' si tratti di copiare acriticamente modelli stranieri, ma perche' dimostra che soluzioni diverse sono possibili all'interno di culture giuridiche simili e di contesti storici comparabili. La Germania, la Francia, l'Olanda, i paesi nordici — non sono pianeti diversi. Sono democrazie con sistemi giuridici di civil law come l'Italia, con storie di criminalita' e di riforma della giustizia, con risorse non illimitate. Se riescono a fare di meglio, e' perche' hanno fatto scelte diverse — di investimento, di priorita', di cultura istituzionale.

Le riforme necessarie sono note. Le ha descritte la dottrina giuridica, le ha raccomandate la Commissione europea, le hanno indicate i rapporti delle commissioni parlamentari succedutesi negli anni. Il problema non e' la mancanza di idee: e' la mancanza di volonta' politica di attuarle. E la volonta' politica di attuarle dipende, in ultima analisi, dall'interesse dei cittadini: se i cittadini italiani iniziassero a valutare la giustizia come un criterio prioritario di scelta politica — come valutano la sanita', la scuola, l'economia i governi troverebbero il modo di fare le riforme necessarie. Finora non e' stato cosi'.

Ma qualcosa si sta muovendo. Le riforme degli ultimi anni — pur imperfette e parziali — mostrano che il tema e' diventato impossibile da ignorare. La pressione dell'Unione Europea attraverso i fondi del PNRR — che condiziona parte degli aiuti economici all'efficienza del sistema giudiziario — ha introdotto un vincolo esterno che i governi italiani non possono eludere. La societa' civile — le associazioni di vittime, i giornalisti di inchiesta, i ricercatori — continua a produrre dati e analisi che rendono sempre piu' difficile nascondere il problema sotto il tappeto.

La certezza della pena e' il fondamento di qualsiasi sistema di convivenza civile degno di questo nome. Senza di essa, le leggi sono teatro. Con essa, le leggi sono strumento di civilta'. L'Italia puo' avercela. Ma deve decidersi a volerla davvero. Dobbiamo essere onesti su cosa significa riformare il sistema giudiziario italiano in modo strutturale. Significa resistere alla tentazione dei proclami facili e delle misure simboliche. Significa accettare che i risultati arriveranno in anni, non in settimane. Significa spendere denaro pubblico su qualcosa che non produce voti immediati. E significa costruire consenso attorno a scelte difficili invece di cedere alle pressioni dei vari gruppi di interesse che ogni riforma tocca.

E' un progetto di lungo periodo, e la politica italiana non ama i progetti di lungo periodo. Ma e' l'unico progetto che funziona. Ogni aggiustamento tecnico, ogni piccola modifica alla prescrizione, ogni inasprimento delle pene sulla carta senza risorse per applicarle — sono palliativi che non risolvono il problema e spesso lo aggravano creando aspettative deluse e ulteriore cinismo.

La storia insegna che le grandi riforme dei sistemi giudiziari avvengono quando c'e' una combinazione di pressione esterna (l'Europa, i mercati finanziari, i partner internazionali), crisi interna di legittimita' (la percezione che il sistema sia irrimediabilmente compromesso), e leadership politica disposta a investire il proprio capitale su un'agenda di lungo periodo. L'Italia ha vissuto momenti in cui queste tre condizioni si sono avvicinate. La speranza e' che si ripresentino, e che questa volta producano una riforma all'altezza del problema. E' importante soffermarsi su un aspetto che il dibattito politico tende a trascurare: il costo umano dell'impunita' non si misura solo in termini di crimini commessi o di crimini impuniti. Si misura anche in termini di sfiducia, di cinismo, di disimpegno civico. Quando i cittadini vedono che il sistema non funziona, che i potenti la fanno franca, che la giustizia arriva in ritardo o non arriva affatto, la risposta normale e' il ritiro: non ci si fida delle istituzioni, non si collabora con le forze dell'ordine, non si denuncia. Questo ritiro e' razionale dal punto di vista del singolo cittadino, ma e' devastante per il tessuto sociale complessivo.

La fiducia nelle istituzioni e' un bene pubblico: una volta erosa e' molto difficile da ricostruire. L'Italia degli anni settanta e ottanta ha vissuto la stagione del terrorismo politico in parte a causa di una sfiducia profonda nelle istituzioni, percepite come al servizio dei potenti e non dei cittadini. Non stiamo vivendo quella stagione, per fortuna. Ma i semi della sfiducia che produce impegno civico negativo invece di positivo sono presenti ogni volta che un politico corrotto la fa franca, ogni volta che un processo prescrive, ogni volta che una vittima aspetta anni senza ottenere risposta.

Recuperare la fiducia nei confronti del sistema giudiziario richiede quindi non solo riforme tecniche — per quanto necessarie — ma anche una comunicazione diversa sui risultati raggiunti e su quelli mancati, una maggiore trasparenza sui dati di funzionamento del sistema, e un dibattito pubblico che sia all'altezza della complessita' del problema. La semplificazione populista — i giudici sono tutti comunisti, o i politici sono tutti corrotti, o bisogna buttare via la chiave — non aiuta. E' una risposta emotiva a un problema strutturale, e produce solo ulteriore polarizzazione senza avanzare di un millimetro verso la soluzione.

Il ruolo dell'educazione civica e' spesso sottovalutato in questo contesto. Un cittadino che capisce come funziona il sistema giudiziario, che conosce i propri diritti e i propri doveri, che sa distinguere tra garantismo e impunita', tra giustizialismo e tutela delle vittime — e' un cittadino che puo' partecipare al dibattito pubblico in modo costruttivo e che puo' esercitare pressione politica in modo informato. La scuola italiana, nella formazione di questa consapevolezza, ha ancora molto lavoro da fare.

Guardando avanti, ci sono ragioni caute di ottimismo. La generazione di magistrati e di funzionari pubblici che sta entrando nel sistema in questi anni e' spesso piu' orientata all'efficienza e alla modernizzazione di quanto non fossero le generazioni precedenti. Le tecnologie digitali che stanno penetrando il sistema giudiziario — pur lentamente — stanno producendo efficienze reali in alcune sedi. La pressione europea sui risultati, legata ai fondi del PNRR, sta creando incentivi che prima non esistevano. E la societa' civile italiana — quella delle associazioni antimafia, dei giornalisti di inchiesta, degli avvocati che difendono i diritti delle vittime, dei ricercatori che producono analisi rigorose — continua a funzionare come presidio di controllo e di pressione.

Non basta, naturalmente. Il divario tra dove siamo e dove dovremmo essere rimane enorme. Ma il fatto che esista un dibattito pubblico informato sulla giustizia, che i dati siano accessibili e analizzati, che le riforme vengano almeno discusse — e' una condizione necessaria per il cambiamento, anche se non sufficiente.

Punti Chiave del Capitolo

* L'evasione fiscale italiana sottrae 80-90 miliardi annui all'erario; il sistema penale la persegue solo sopra certe soglie e i processi prescrivono con alta frequenza.

* La corruzione costa all'economia italiana decine di miliardi l'anno; le condanne producono raramente detenzione effettiva significativa.

* Le intercettazioni sono lo strumento investigativo essenziale per corruzione e criminalita' organizzata; le riforme che le limitano hanno un costo diretto sull'efficacia delle indagini.

* Il whistleblowing e' ora tutelato dalla legge (D.Lgs. 24/2023) ma la sua applicazione pratica e' agli inizi e la cultura della segnalazione e' ancora stigmatizzata.

* Le esperienze di successo mostrano che specializzazione, risorse adeguate e continuita' producono risultati dove il sistema generalista fallisce.

Capitolo Cinque

Femminicidio e Violenza Domestica: Quando la Legge Non Basta

Il divario tra le norme di tutela delle vittime di violenza di genere e la realta' della loro applicazione

---

"Una legge che non viene applicata e' peggio della sua assenza: crea l'illusione di una tutela che non esiste."

-- Giulio Trentini

I numeri del femminicidio: un'emergenza che non passa

Il femminicidio in Italia e' un'emergenza ricorrente nel dibattito pubblico e una realta' statisticamente stabile negli anni. I dati raccolti mostrano che nel 2025 ci sono stati 286 omicidi totali, di cui 62 riguardanti donne uccise dal partner o dall'ex partner, e 128 vittime in ambito familiare o affettivo. Questi numeri sono rimasti sostanzialmente costanti negli ultimi anni nonostante il susseguirsi di leggi e campagne di sensibilizzazione.

Negli anni precedenti: nel 2022 ci sono state 126 vittime donne, di cui 105 in ambito familiare o affettivo. Nel 2023, 117 donne, 96 in ambito familiare. Nel 2024, dati simili. La persistenza di questi numeri anno dopo anno, nonostante le riforme normative, la maggiore attenzione mediatica e i piani di contrasto, indica un problema strutturale che va oltre la semplice insufficienza delle norme.

L'Italia ha una normativa sulla violenza di genere che sulla carta e' tra le piu' avanzate d'Europa: il Codice Rosso (legge 69/2019) ha introdotto obblighi di presa in carico rapida delle denunce, tempi accelerati per certi procedimenti, nuovi reati come quello di revenge porn, e aggravanti specifiche. Prima ancora, la legge sul femminicidio del 2013 aveva introdotto l'aggravante per i reati commessi dal coniuge o ex.

Ma la legge e' una cosa, la sua applicazione un'altra. I centri antiviolenza sono insufficienti in numero, specialmente nel Sud. Le case rifugio per le donne che fuggono dalla violenza domestica non bastano. Il sistema di protezione delle vittime dalla denuncia al processo e' pieno di falle attraverso le quali il rischio di escalation — fino all'omicidio — rimane alto.

Il dato piu' inquietante e' che molte delle donne uccise avevano gia' sporto denuncia. Avevano detto alla polizia, ai carabinieri, ai servizi sociali che erano in pericolo. E il sistema non era riuscito a proteggerle. Questo non e' un problema di leggi: e' un problema di risorse, di coordinamento, di cultura istituzionale nella gestione delle situazioni di rischio. Per comprendere appieno la portata di questo problema e' necessario guardare non solo ai numeri aggregati ma alle singole storie che li compongono. Ogni statistica nasconde una vicenda umana concreta: una famiglia che aspetta giustizia, un imputato che vive nell'incertezza, una vittima che si sente abbandonata dalle istituzioni che avrebbero dovuto proteggerla. I dati ci dicono che il sistema non funziona; le storie ci dicono perche' questo conta.

Il confronto con i sistemi europei che funzionano meglio e' illuminante non perche' si tratti di copiare acriticamente modelli stranieri, ma perche' dimostra che soluzioni diverse sono possibili all'interno di culture giuridiche simili e di contesti storici comparabili. La Germania, la Francia, l'Olanda, i paesi nordici — non sono pianeti diversi. Sono democrazie con sistemi giuridici di civil law come l'Italia, con storie di criminalita' e di riforma della giustizia, con risorse non illimitate. Se riescono a fare di meglio, e' perche' hanno fatto scelte diverse — di investimento, di priorita', di cultura istituzionale.

Le riforme necessarie sono note. Le ha descritte la dottrina giuridica, le ha raccomandate la Commissione europea, le hanno indicate i rapporti delle commissioni parlamentari succedutesi negli anni. Il problema non e' la mancanza di idee: e' la mancanza di volonta' politica di attuarle. E la volonta' politica di attuarle dipende, in ultima analisi, dall'interesse dei cittadini: se i cittadini italiani iniziassero a valutare la giustizia come un criterio prioritario di scelta politica — come valutano la sanita', la scuola, l'economia — i governi troverebbero il modo di fare le riforme necessarie. Finora non e' stato cosi'.

Ma qualcosa si sta muovendo. Le riforme degli ultimi anni — pur imperfette e parziali — mostrano che il tema e' diventato impossibile da ignorare. La pressione dell'Unione Europea attraverso i fondi del PNRR — che condiziona parte degli aiuti economici all'efficienza del sistema giudiziario — ha introdotto un vincolo esterno che i governi italiani non possono eludere. La societa' civile — le associazioni di vittime, i giornalisti di inchiesta, i ricercatori — continua a produrre dati e analisi che rendono sempre piu' difficile nascondere il problema sotto il tappeto.

La certezza della pena e' il fondamento di qualsiasi sistema di convivenza civile degno di questo nome. Senza di essa, le leggi sono teatro. Con essa, le leggi sono strumento di civilta'. L'Italia puo' avercela. Ma deve decidersi a volerla davvero. Dobbiamo essere onesti su cosa significa riformare il sistema giudiziario italiano in modo strutturale. Significa resistere alla tentazione dei proclami facili e delle misure simboliche. Significa accettare che i risultati arriveranno in anni, non in settimane. Significa spendere denaro pubblico su qualcosa che non produce voti immediati. E significa costruire consenso attorno a scelte difficili invece di cedere alle pressioni dei vari gruppi di interesse che ogni riforma tocca.

E' un progetto di lungo periodo, e la politica italiana non ama i progetti di lungo periodo. Ma e' l'unico progetto che funziona. Ogni aggiustamento tecnico, ogni piccola modifica alla prescrizione, ogni inasprimento delle pene sulla carta senza risorse per applicarle — sono palliativi che non risolvono il problema e spesso lo aggravano creando aspettative deluse e ulteriore cinismo.

La storia insegna che le grandi riforme dei sistemi giudiziari avvengono quando c'e' una combinazione di pressione esterna (l'Europa, i mercati finanziari, i partner internazionali), crisi interna di legittimita' (la percezione che il sistema sia irrimediabilmente compromesso), e leadership politica disposta a investire il proprio capitale su un'agenda di lungo periodo. L'Italia ha vissuto momenti in cui queste tre condizioni si sono avvicinate. La speranza e' che si ripresentino, e che questa volta producano una riforma all'altezza del problema. E' importante soffermarsi su un aspetto che il dibattito politico tende a trascurare: il costo umano dell'impunita' non si misura solo in termini di crimini commessi o di crimini impuniti. Si misura anche in termini di sfiducia, di cinismo, di dis-impegno civico. Quando i cittadini vedono che il sistema non funziona, che i potenti la fanno franca, che la giustizia arriva in ritardo o non arriva affatto, la risposta normale e' il ritiro: non ci si fida delle

istituzioni, non si collabora con le forze dell'ordine, non si denuncia. Questo ritiro e' razionale dal punto di vista del singolo cittadino, ma e' devastante per il tessuto sociale complessivo.

La fiducia nelle istituzioni e' un bene pubblico: una volta erosa e' molto difficile da ricostruire. L'Italia degli anni settanta e ottanta ha vissuto la stagione del terrorismo politico in parte a causa di una sfiducia profonda nelle istituzioni, percepite come al servizio dei potenti e non dei cittadini. Non stiamo vivendo quella stagione, per fortuna. Ma i semi della sfiducia che produce impegno civico negativo invece di positivo sono presenti ogni volta che un politico corrotto la fa franca, ogni volta che un processo prescrive, ogni volta che una vittima aspetta anni senza ottenere risposta.

Recuperare la fiducia nei confronti del sistema giudiziario richiede quindi non solo riforme tecniche — per quanto necessarie — ma anche una comunicazione diversa sui risultati raggiunti e su quelli mancati, una maggiore trasparenza sui dati di funzionamento del sistema, e un dibattito pubblico che sia all'altezza della complessita' del problema. La semplificazione populista — i giudici sono tutti comunisti, o i politici sono tutti corrotti, o bisogna buttare via la chiave — non aiuta. E'

una risposta emotiva a un problema strutturale, e produce solo ulteriore polarizzazione senza avanzare di un millimetro verso la soluzione.

Il ruolo dell'educazione civica e' spesso sottovalutato in questo contesto. Un cittadino che capisce come funziona il sistema giudiziario, che conosce i propri diritti e i propri doveri, che sa distinguere tra garantismo e impunita', tra giustizialismo e tutela delle vittime — e' un cittadino che puo' partecipare al dibattito pubblico in modo costruttivo e che puo' esercitare pressione politica in modo informato. La scuola italiana, nella formazione di questa consapevolezza, ha ancora molto lavoro da fare.

Guardando avanti, ci sono ragioni caute di ottimismo. La generazione di magistrati e di funzionari pubblici che sta entrando nel sistema in questi anni e' spesso piu' orientata all'efficienza e alla modernizzazione di quanto non fossero le generazioni precedenti. Le tecnologie digitali che stanno penetrando il sistema giudiziario — pur lentamente — stanno producendo efficienze reali in alcune sedi. La pressione europea sui risultati, legata ai fondi del PNRR, sta creando incentivi che prima non esistevano. E la societa' civile italiana — quella delle associazioni antimafia, dei giornalisti di

inchiesta, degli avvocati che difendono i diritti delle vittime, dei ricercatori che producono analisi rigorose — continua a funzionare come presidio di controllo e di pressione.

Non basta, naturalmente. Il divario tra dove siamo e dove dovremmo essere rimane enorme. Ma il fatto che esista un dibattito pubblico informato sulla giustizia, che i dati siano accessibili e analizzati, che le riforme vengano almeno discusse — e' una condizione necessaria per il cambiamento, anche se non sufficiente.

=

Lo stalking e il revenge porn: nuovi reati, vecchi problemi di enforcement

Lo stalking (atti persecutori, art. 612 bis del Codice Penale, introdotto nel 2009) e il revenge porn (diffusione illecita di immagini sessualmente esplicite, art. 612 ter, introdotto nel 2019) sono reati relativamente recenti nell'ordinamento italiano, introdotti per rispondere a forme di violenza che i reati tradizionali non coprivano adeguatamente.

I numeri delle denunce per stalking sono in costante aumento negli anni successivi all'introduzione del reato:

migliaia di denunce all'anno, un numero che riflette sia la diffusione del fenomeno sia la maggiore consapevolezza delle vittime dei propri diritti. Ma il numero di procedimenti che si concludono con una condanna definitiva e' molto inferiore, per le ragioni usuali: lentezza del processo, difficolta' probatorie, ritiro della denuncia da parte delle vittime.

Il revenge porn e' un reato che richiede prove digitali, collaborazione delle piattaforme online per la rimozione dei contenuti, e competenze investigative specifiche. In Italia la risposta a questo tipo di reato e' stata migliorata ma rimane insufficiente: le vittime spesso attendono settimane o mesi prima che i contenuti vengano rimossi.

Le piattaforme di social media hanno obblighi di rimozione dei contenuti illegali ma il loro adempimento varia enormemente. Il Garante della Privacy ha poteri di intervento ma le procedure sono lente rispetto alla rapidita' con cui i contenuti si diffondono online. E' un'area in cui la tecnologia ha superato la capacita' di risposta del sistema giuridico.

Il problema non e' solo la mancanza di leggi: e' la mancanza di capacita' tecnica investigativa adeguata alla natura digitale di questi reati, e la lentezza delle procedure di enforcement rispetto alla velocita' con cui il danno si propaga online. Per comprendere appieno la portata di questo problema e' necessario guardare non solo ai numeri aggregati ma alle singole storie che li compongono. Ogni statistica nasconde una vicenda umana concreta: una famiglia che aspetta giustizia, un imputato che vive nell'incertezza, una vittima che si sente abbandonata dalle istituzioni che avrebbero dovuto proteggerla. I dati ci dicono che il sistema non funziona; le storie ci dicono perche' questo conta.

Il confronto con i sistemi europei che funzionano meglio e' illuminante non perche' si tratti di copiare acriticamente modelli stranieri, ma perche' dimostra che soluzioni diverse sono possibili all'interno di culture giuridiche simili e di contesti storici comparabili. La Germania, la Francia, l'Olanda, i paesi nordici — non sono pianeti diversi. Sono democrazie con sistemi giuridici di civil law come l'Italia, con storie di criminalita' e di riforma della giustizia, con risorse non illimitate. Se riescono a fare di meglio, e' perche' hanno fatto scelte diverse — di investimento, di priorita', di cultura istituzionale.

Le riforme necessarie sono note. Le ha descritte la dottrina giuridica, le ha raccomandate la Commissione europea, le hanno indicate i rapporti delle commissioni parlamentari succedutesi negli anni. Il problema non e' la mancanza di idee: e' la mancanza di volonta' politica di attuarle. E la volonta' politica di attuarle dipende, in ultima analisi, dall'interesse dei cittadini: se i cittadini italiani iniziassero a valutare la giustizia come un criterio prioritario di scelta politica — come valutano la sanita', la scuola, l'economia — i governi troverebbero il modo di fare le riforme necessarie. Finora non e' stato cosi'.

Ma qualcosa si sta muovendo. Le riforme degli ultimi anni — pur imperfette e parziali — mostrano che il tema e' diventato impossibile da ignorare. La pressione dell'Unione Europea attraverso i fondi del PNRR — che condiziona parte degli aiuti economici all'efficienza del sistema giudiziario — ha introdotto un vincolo esterno che i governi italiani non possono eludere. La societa' civile — le associazioni di vittime, i giornalisti di inchiesta, i ricercatori — continua a produrre dati e analisi che rendono sempre piu' difficile nascondere il problema sotto il tappeto.

La certezza della pena e' il fondamento di qualsiasi sistema di convivenza civile degno di questo nome. Senza di essa, le leggi sono teatro. Con essa, le leggi sono strumento di civilta'. L'Italia puo' avercela. Ma deve decidersi a volerla davvero. Dobbiamo essere onesti su cosa significa riformare il sistema giudiziario italiano in modo strutturale. Significa resistere alla tentazione dei proclami facili e delle misure simboliche. Significa accettare che i risultati arriveranno in anni, non in settimane. Significa spendere denaro pubblico su qualcosa che non produce voti immediati. E significa costruire consenso attorno a scelte difficili invece di cedere alle pressioni dei vari gruppi di interesse che ogni riforma tocca.

E' un progetto di lungo periodo, e la politica italiana non ama i progetti di lungo periodo. Ma e' l'unico progetto che funziona. Ogni aggiustamento tecnico, ogni piccola modifica alla prescrizione, ogni inasprimento delle pene sulla carta senza risorse per applicarle — sono palliativi che non risolvono il problema e spesso lo aggravano creando aspettative deluse e ulteriore cinismo.

La storia insegna che le grandi riforme dei sistemi giudiziari avvengono quando c'e' una combinazione di pressione esterna (l'Europa, i mercati finanziari, i partner internazionali), crisi interna di legittimita' (la percezione che il sistema sia irrimediabilmente compromesso), e leadership politica disposta a investire il proprio capitale su un'agenda di lungo periodo. L'Italia ha vissuto momenti in cui queste tre condizioni si sono avvicinate. La speranza e' che si ripresentino, e che questa volta producano una riforma all'altezza del problema. E' importante soffermarsi su un aspetto che il dibattito politico tende a trascurare: il costo umano dell'impunita' non si misura solo in termini di crimini commessi o di crimini impuniti. Si misura anche in termini di sfiducia, di cinismo, di dis-impegno civico. Quando i cittadini vedono che il sistema non funziona, che i potenti la fanno franca, che la giustizia arriva in ritardo o non arriva affatto, la risposta normale e' il ritiro: non ci si fida delle istituzioni, non si collabora con le forze dell'ordine, non si denuncia. Questo ritiro e' razionale dal punto di vista del singolo cittadino, ma e' devastante per il tessuto sociale complessivo.

La fiducia nelle istituzioni e' un bene pubblico: una volta erosa e' molto difficile da ricostruire. L'Italia degli anni settanta e ottanta ha vissuto la stagione del terrorismo politico in parte a causa di una sfiducia profonda nelle istituzioni, percepite come al servizio dei potenti e non dei cittadini. Non stiamo vivendo quella stagione, per fortuna. Ma i semi della sfiducia che produce impegno civico negativo invece di positivo sono presenti ogni volta che un politico corrotto la fa franca, ogni volta che un processo prescrive, ogni volta che una vittima aspetta anni senza ottenere risposta.

Recuperare la fiducia nei confronti del sistema giudiziario richiede quindi non solo riforme tecniche — per quanto necessarie — ma anche una comunicazione diversa sui risultati raggiunti e su quelli mancati, una maggiore trasparenza sui dati di funzionamento del sistema, e un dibattito pubblico che sia all'altezza della complessita' del problema. La semplificazione populista — i giudici sono tutti comunisti, o i politici sono tutti corrotti, o bisogna buttare via la chiave — non aiuta. E' una risposta emotiva a un problema strutturale, e produce solo ulteriore polarizzazione senza avanzare di un millimetro verso la soluzione.

Il ruolo dell'educazione civica e' spesso sottovalutato in questo contesto. Un cittadino che capisce come funziona il sistema giudiziario, che conosce i propri diritti e i propri doveri, che sa distinguere tra garantismo e impunita', tra giustizialismo e tutela delle vittime — e' un cittadino che puo' partecipare al dibattito pubblico in modo costruttivo e che puo' esercitare pressione politica in modo informato. La scuola italiana, nella formazione di questa consapevolezza, ha ancora molto lavoro da fare.

Guardando avanti, ci sono ragioni caute di ottimismo. La generazione di magistrati e di funzionari pubblici che sta entrando nel sistema in questi anni e' spesso piu' orientata all'efficienza e alla modernizzazione di quanto non fossero le generazioni precedenti. Le tecnologie digitali che stanno penetrando il sistema giudiziario — pur lentamente — stanno producendo efficienze reali in alcune sedi. La pressione europea sui risultati, legata ai fondi del PNRR, sta creando incentivi che prima non esistevano. E la societa' civile italiana — quella delle associazioni antimafia, dei giornalisti di inchiesta, degli avvocati che difendono i diritti delle vittime, dei ricercatori che producono analisi rigorose — continua a funzionare come presidio di controllo e di pressione.

Non basta, naturalmente. Il divario tra dove siamo e dove dovremmo essere rimane enorme. Ma il fatto che esista un dibattito pubblico informato sulla giustizia, che i dati siano accessibili e analizzati, che le riforme vengano almeno discusse — e' una condizione necessaria per il cambiamento, anche se non sufficiente.

=

Il Codice Rosso: un bilancio onesto

La legge 69/2019 (Codice Rosso) compie ormai diversi anni dall'entrata in vigore. E' possibile fare un bilancio parziale dei suoi effetti sulla realta' della tutela delle vittime di violenza di genere.

Aspetti positivi documentati: l'obbligo di sentire la persona offesa entro tre giorni dalla denuncia ha accelerato la fase iniziale dell'intervento in molti casi; i nuovi reati hanno dato strumenti nuovi ai magistrati; l'inasprimento delle pene per i reati piu' gravi ha aumentato il deterrente formale.

Limiti emersi dall'applicazione pratica: la protezione prevista dalla legge dipende dall'esistenza di risorse materiali che spesso mancano; il coordinamento tra le diverse istituzioni coinvolte e' migliorato ma ancora insufficiente; la legge ha aumentato il numero di denunce ma non necessariamente il numero di protezioni effettive; i tempi del procedimento penale, pur accelerati per alcune fasi iniziali, rimangono complessivamente molto lunghi.

Il dato piu' critico e' che i femminicidi non sono diminuiti in modo significativo dopo l'introduzione del Codice Rosso. Questo non significa che la legge sia inutile, ma indica che la sola riforma normativa non basta: senza le risorse, la formazione, le strutture e il coordinamento necessari, anche una buona legge produce effetti parziali.

La proposta di legge di iniziativa popolare "Noemi Durini" — pubblicata sulla Gazzetta Ufficiale il 24 febbraio 2026 per la raccolta delle 50.000 firme necessarie per approdare in Parlamento — si concentra sulla questione delle attenuanti automatiche per i minori autori di omicidio. E' un segnale della pressione civica per un sistema che risponda in modo piu' severo ai crimini violenti. La risposta del sistema deve pero' essere calibrata sull'efficacia, non solo sulla severita' formale della pena. Per comprendere appieno la portata di questo problema e' necessario guardare non solo ai numeri aggregati ma alle singole storie che li compongono. Ogni statistica nasconde una vicenda umana concreta: una famiglia che aspetta giustizia, un imputato che vive nell'incertezza, una vittima che si sente abbandonata dalle istituzioni che avrebbero dovuto proteggerla. I dati ci dicono che il sistema non funziona; le storie ci dicono perche' questo conta.

Il confronto con i sistemi europei che funzionano meglio e' illuminante non perche' si tratti di copiare acriticamente modelli stranieri, ma perche' dimostra che soluzioni diverse sono possibili all'interno di culture giuridiche simili e di contesti storici comparabili. La Germania, la Francia, l'Olanda, i paesi nordici — non sono pianeti diversi. Sono democrazie con sistemi giuridici di civil law come l'Italia, con storie di criminalita' e di riforma della giustizia, con risorse non illimitate. Se riescono a fare di meglio, e' perche' hanno fatto scelte diverse — di investimento, di priorita', di cultura istituzionale.

Le riforme necessarie sono note. Le ha descritte la dottrina giuridica, le ha raccomandate la Commissione europea, le hanno indicate i rapporti delle commissioni parlamentari succedutesi negli anni. Il problema non e' la mancanza di idee: e' la mancanza di volonta' politica di attuarle. E la volonta' politica di attuarle dipende, in ultima analisi, dall'interesse dei cittadini: se i cittadini italiani iniziassero a valutare la giustizia come un criterio prioritario di scelta politica — come valutano la sanita', la scuola, l'economia — i governi troverebbero il modo di fare le riforme necessarie. Finora non e' stato cosi'.

Ma qualcosa si sta muovendo. Le riforme degli ultimi anni — pur imperfette e parziali — mostrano che il tema e' diventato impossibile da ignorare. La pressione dell'Unione Europea attraverso i fondi del PNRR — che condiziona parte degli aiuti economici all'efficienza del sistema giudiziario — ha introdotto un vincolo esterno che i governi italiani non possono eludere. La societa' civile — le associazioni di vittime, i giornalisti di inchiesta, i ricercatori — continua a produrre dati e analisi che rendono sempre piu' difficile nascondere il problema sotto il tappeto.

La certezza della pena e' il fondamento di qualsiasi sistema di convivenza civile degno di questo nome. Senza di essa, le leggi sono teatro. Con essa, le leggi sono strumento di civilta'. L'Italia puo' avercela. Ma deve decidersi a volerla davvero. Dobbiamo essere onesti su cosa significa riformare il sistema giudiziario italiano in modo strutturale. Significa resistere alla tentazione dei proclami facili e delle misure simboliche. Significa accettare che i risultati arriveranno in anni, non in settimane. Significa spendere denaro pubblico su qualcosa che non produce voti immediati. E significa costruire consenso attorno a scelte difficili invece di cedere alle pressioni dei vari gruppi di interesse che ogni riforma tocca.

E' un progetto di lungo periodo, e la politica italiana non ama i progetti di lungo periodo. Ma e' l'unico progetto che funziona. Ogni aggiustamento tecnico, ogni piccola modifica alla prescrizione, ogni inasprimento delle pene sulla carta senza risorse per applicarle — sono palliativi che non risolvono il problema e spesso lo aggravano creando aspettative deluse e ulteriore cinismo.

La storia insegna che le grandi riforme dei sistemi giudiziari avvengono quando c'e' una combinazione di pressione esterna (l'Europa, i mercati finanziari, i partner internazionali), crisi interna di legittimita' (la percezione che il sistema sia irrimediabilmente compromesso), e leadership politica disposta a investire il proprio capitale su un'agenda di lungo periodo. L'Italia ha vissuto momenti in cui queste tre condizioni si sono avvicinate. La speranza e' che si ripresentino, e che questa volta producano una riforma all'altezza del problema. E' importante soffermarsi su un aspetto che il dibattito politico tende a trascurare: il costo umano dell'impunita' non si misura solo in termini di crimini commessi o di crimini impuniti. Si misura anche in termini di sfiducia, di cinismo, di dis-impegno civico. Quando i cittadini vedono che il sistema non funziona, che i potenti la fanno franca, che la giustizia arriva in ritardo o non arriva affatto, la risposta normale e' il ritiro: non ci si fida delle istituzioni, non si collabora con le forze dell'ordine, non si denuncia. Questo ritiro e' razionale dal punto di vista del singolo cittadino, ma e' devastante per il tessuto sociale complessivo.

La fiducia nelle istituzioni e' un bene pubblico: una volta erosa e' molto difficile da ricostruire. L'Italia degli anni settanta e ottanta ha vissuto la stagione del terrorismo politico in parte a causa di una sfiducia profonda nelle istituzioni, percepite come al servizio dei potenti e non dei cittadini. Non stiamo vivendo quella stagione, per fortuna. Ma i semi della sfiducia che produce impegno civico negativo invece di positivo sono presenti ogni volta che un politico corrotto la fa franca, ogni volta che un processo prescrive, ogni volta che una vittima aspetta anni senza ottenere risposta.

Recuperare la fiducia nei confronti del sistema giudiziario richiede quindi non solo riforme tecniche — per quanto necessarie — ma anche una comunicazione diversa sui risultati raggiunti e su quelli mancati, una maggiore trasparenza sui dati di funzionamento del sistema, e un dibattito pubblico che sia all'altezza della complessita' del problema. La semplificazione populista — i giudici sono tutti comunisti, o i politici sono tutti corrotti, o bisogna buttare via la chiave — non aiuta. E' una risposta emotiva a un problema strutturale, e produce solo ulteriore polarizzazione senza avanzare di un millimetro verso la soluzione.

Il ruolo dell'educazione civica e' spesso sottovalutato in questo contesto. Un cittadino che capisce come funziona il sistema giudiziario, che conosce i propri diritti e i propri doveri, che sa distinguere tra garantismo e impunita', tra giustizialismo e tutela delle vittime — e' un cittadino che puo' partecipare al dibattito pubblico in modo costruttivo e che puo' esercitare pressione politica in modo informato. La scuola italiana, nella formazione di questa consapevolezza, ha ancora molto lavoro da fare.

Guardando avanti, ci sono ragioni caute di ottimismo. La generazione di magistrati e di funzionari pubblici che sta entrando nel sistema in questi anni e' spesso piu' orientata all'efficienza e alla modernizzazione di quanto non fossero le generazioni precedenti. Le tecnologie digitali che stanno penetrando il sistema giudiziario — pur lentamente — stanno producendo efficienze reali in alcune sedi. La pressione europea sui risultati, legata ai fondi del PNRR, sta creando incentivi che prima non esistevano. E la societa' civile italiana — quella delle associazioni antimafia, dei giornalisti di inchiesta, degli avvocati che difendono i diritti delle vittime, dei ricercatori che producono analisi rigorose —

continua a funzionare come presidio di controllo e di pressione.

Non basta, naturalmente. Il divario tra dove siamo e dove dovremmo essere rimane enorme. Ma il fatto che esista un dibattito pubblico informato sulla giustizia, che i dati siano accessibili e analizzati, che le riforme vengano almeno discusse — e' una condizione necessaria per il cambiamento, anche se non sufficiente.

Punti Chiave del Capitolo

* Il femminicidio in Italia e' statisticamente stabile da anni nonostante le riforme normative: i numeri del 2025 (62 donne uccise da partner o ex) sono simili a quelli degli anni precedenti.

* Il Codice Rosso ha introdotto strumenti importanti ma la sua efficacia dipende da risorse e coordinamento che spesso mancano.

* I centri antiviolenza e le case rifugio sono insufficienti specialmente al sud.

* La valutazione strutturata del rischio e' uno strumento efficace documentato a livello internazionale ma ancora non sistematizzato in Italia.

* Lo stalking e il revenge porn sono reati introdotti di recente ma il loro enforcement e' ostacolato da lentezza procedurale e insufficiente capacita' tecnica investigativa digitale.

Capitolo Sei

La Criminalita' Organizzata: Quando il Crimine Ha Piu' Risorse dello Stato

Come le mafie si adattano al sistema giudiziario, sfruttano le sue debolezze e mantengono il controllo del territorio

---

"La mafia non ha paura della giustizia. Ha imparato a vivere con essa."

-- Giovanni Falcone

Le mafie italiane nel 2025: un'analisi aggiornata

Le organizzazioni di criminalita' organizzata di matrice italiana — Cosa Nostra, Camorra, 'Ndrangheta, Sacra Corona Unita — sono tra le organizzazioni criminali piu' studiate al mondo. Non perche' siano le piu' violente a livello globale, ma perche' hanno raggiunto un livello di radicamento nel tessuto economico e sociale che le distingue dalla criminalita' ordinaria.

La 'Ndrangheta calabrese e' oggi considerata dalla DIA (Direzione Investigativa Antimafia) e da Europol l'organizzazione criminale con la rete internazionale piu' estesa: e' presente in quasi tutti i continenti con cellule dedicate al traffico di cocaina, al riciclaggio di denaro, e all'infiltrazione nell'economia legale. La sua struttura familiare che limita le possibilita' di infiltrazione, la bassa esposizione mediatica rispetto alla Camorra, la penetrazione capillare dell'economia del nord — la rendono particolarmente difficile da combattere.

La Camorra campana e' piu' visibile ma anche piu' frammentata: la guerra tra clan degli anni novanta e duemila ha prodotto una proliferazione di micro-organizzazioni che controllano territori limitati ma con estrema violenza. Il numero di omicidi di camorra nelle province di Napoli e Caserta e' storicamente alto rispetto alla media nazionale.

Cosa Nostra siciliana e' stata significativamente indebolita dagli arresti degli ultimi decenni, culminati nella cattura di Matteo Messina Denaro nel gennaio 2023 dopo trent'anni di latitanza. Ma organizzazioni di questo tipo non muoiono con l'arresto dei loro capi: si riorganizzano e continuano ad operare.

La presenza capillare della criminalita' organizzata nel tessuto economico — attraverso l'acquisizione di imprese legali, l'infiltrazione negli appalti pubblici, il riciclaggio nel settore immobiliare e commerciale — rende il contrasto molto piu' difficile del semplice arresto dei criminali violenti. E' una criminalita' che opera sempre piu' a punta di penna, non a punta di pistola. Per comprendere appieno la portata di questo problema e' necessario guardare non solo ai numeri aggregati ma alle singole storie che li compongono. Ogni statistica nasconde una vicenda umana concreta: una famiglia che aspetta giustizia, un imputato che vive nell'incertezza, una vittima che si sente abbandonata dalle istituzioni che avrebbero dovuto proteggerla. I dati ci dicono che il sistema non funziona; le storie ci dicono perche' questo conta.

Il confronto con i sistemi europei che funzionano meglio e' illuminante non perche' si tratti di copiare acriticamente modelli stranieri, ma perche' dimostra che soluzioni diverse sono possibili all'interno di culture giuridiche simili e di contesti storici comparabili. La Germania, la Francia, l'Olanda, i paesi nordici — non sono pianeti diversi. Sono democrazie con sistemi giuridici di civil law come l'Italia, con storie di criminalita' e di riforma della giustizia, con risorse non illimitate. Se riescono a fare di meglio, e' perche' hanno fatto scelte diverse — di investimento, di priorita', di cultura istituzionale.

Le riforme necessarie sono note. Le ha descritte la dottrina giuridica, le ha raccomandate la Commissione europea, le hanno indicate i rapporti delle commissioni parlamentari succedutesi negli anni. Il problema non e' la mancanza di idee: e' la mancanza di volonta' politica di attuarle. E la volonta' politica di attuarle dipende, in ultima analisi, dall'interesse dei cittadini: se i cittadini italiani iniziassero a valutare la giustizia come un criterio prioritario di scelta politica — come valutano la sanita', la scuola, l'economia — i governi troverebbero il modo di fare le riforme necessarie. Finora non e' stato cosi'.

Ma qualcosa si sta muovendo. Le riforme degli ultimi anni — pur imperfette e parziali — mostrano che il tema e' diventato impossibile da ignorare. La pressione dell'Unione Europea attraverso i fondi del PNRR — che condiziona parte degli aiuti economici all'efficienza del sistema giudiziario — ha introdotto un vincolo esterno che i governi italiani non possono eludere. La societa' civile — le associazioni di vittime, i giornalisti di inchiesta, i ricercatori — continua a produrre dati e analisi che rendono sempre piu' difficile nascondere il problema sotto il tappeto.

La certezza della pena e' il fondamento di qualsiasi sistema di convivenza civile degno di questo nome. Senza di essa, le leggi sono teatro. Con essa, le leggi sono strumento di civilta'. L'Italia puo' avercela. Ma deve decidersi a volerla davvero. Dobbiamo essere onesti su cosa significa riformare il sistema giudiziario italiano in modo strutturale. Significa resistere alla tentazione dei proclami facili e delle misure simboliche. Significa accettare che i risultati arriveranno in anni, non in settimane. Significa spendere denaro pubblico su qualcosa che non produce voti immediati. E significa costruire consenso attorno a scelte difficili invece di cedere alle pressioni dei vari gruppi di interesse che ogni riforma tocca.

E' un progetto di lungo periodo, e la politica italiana non ama i progetti di lungo periodo. Ma e' l'unico progetto che funziona. Ogni aggiustamento tecnico, ogni piccola modifica alla prescrizione, ogni inasprimento delle pene sulla carta senza risorse per applicarle — sono palliativi che non risolvono il problema e spesso lo aggravano creando aspettative deluse e ulteriore cinismo.

La storia insegna che le grandi riforme dei sistemi giudiziari avvengono quando c'e' una combinazione di pressione esterna (l'Europa, i mercati finanziari, i partner internazionali), crisi interna di legittimita' (la percezione che il sistema sia irrimediabilmente compromesso), e leadership politica disposta a investire il proprio capitale su un'agenda di lungo periodo. L'Italia ha vissuto momenti in cui queste tre condizioni si sono avvicinate. La speranza e' che si ripresentino, e che questa volta producano una riforma all'altezza del problema. E' importante soffermarsi su un aspetto che il dibattito politico tende a trascurare: il costo umano dell'impunita' non si misura solo in termini di crimini commessi o di crimini impuniti. Si misura anche in termini di sfiducia, di cinismo, di dis-impegno civico. Quando i cittadini vedono che il sistema non funziona, che i potenti la fanno franca, che la giustizia arriva in ritardo o non arriva affatto, la risposta normale e' il ritiro: non ci si fida delle istituzioni, non si collabora con le forze dell'ordine, non si denuncia. Questo ritiro e' razionale dal punto di vista del singolo cittadino, ma e' devastante per il tessuto sociale complessivo.

La fiducia nelle istituzioni e' un bene pubblico: una volta erosa e' molto difficile da ricostruire. L'Italia degli anni settanta e ottanta ha vissuto la stagione del terrorismo politico in parte a causa di una sfiducia profonda nelle istituzioni, percepite come al servizio dei potenti e non dei cittadini. Non stiamo vivendo quella stagione, per fortuna. Ma i semi della sfiducia che produce impegno civico negativo invece di positivo sono presenti ogni volta che un politico corrotto la fa franca, ogni volta che un processo prescrive, ogni volta che una vittima aspetta anni senza ottenere risposta.

Recuperare la fiducia nei confronti del sistema giudiziario richiede quindi non solo riforme tecniche — per quanto necessarie — ma anche una comunicazione diversa sui risultati raggiunti e su quelli mancati, una maggiore trasparenza sui dati di funzionamento del sistema, e un dibattito pubblico che sia all'altezza della complessita' del problema. La semplificazione populista — i giudici sono tutti comunisti, o i politici sono tutti corrotti, o bisogna buttare via la chiave — non aiuta. E' una risposta emotiva a un problema strutturale, e produce solo ulteriore polarizzazione senza avanzare di un millimetro verso la soluzione.

Il ruolo dell'educazione civica e' spesso sottovalutato in questo contesto. Un cittadino che capisce come funziona il sistema giudiziario, che conosce i propri diritti e i propri doveri, che sa distinguere tra garantismo e impunita', tra giustizialismo e tutela delle vittime — e' un cittadino che puo' partecipare al dibattito pubblico in modo costruttivo e che puo' esercitare pressione politica in modo informato. La scuola italiana, nella formazione di questa consapevolezza, ha ancora molto lavoro da fare.

Guardando avanti, ci sono ragioni caute di ottimismo. La generazione di magistrati e di funzionari pubblici che sta entrando nel sistema in questi anni e' spesso piu' orientata all'efficienza e alla modernizzazione di quanto non fossero le generazioni precedenti. Le tecnologie digitali che stanno penetrando il sistema giudiziario — pur lentamente — stanno producendo efficienze reali in alcune sedi. La pressione europea sui risultati, legata ai fondi del PNRR, sta creando incentivi che prima non esistevano. E la societa' civile italiana — quella delle associazioni antimafia, dei giornalisti di inchiesta, degli avvocati che difendono i diritti delle vittime, dei ricercatori che producono analisi rigorose — continua a funzionare come presidio di controllo e di pressione.

Non basta, naturalmente. Il divario tra dove siamo e dove dovremmo essere rimane enorme. Ma il fatto che esista un dibattito pubblico informato sulla giustizia, che i dati siano accessibili e analizzati, che le riforme vengano almeno discusse — e' una condizione necessaria per il cambiamento, anche se non sufficiente.

=

I risultati del contrasto alla mafia: cosa ha funzionato

Nonostante le difficolta' e i fallimenti evidenziati, il contrasto alla criminalita' organizzata in Italia ha anche prodotto risultati significativi che meritano riconoscimento.

La cattura di Matteo Messina Denaro nel gennaio 2023 — dopo trent'anni di latitanza — e' stata sia un successo investigativo sia la prova di quanto a lungo certi latitanti possano sopravvivere nel sistema. Il sistema si e' chiuso, alla fine. Dopo trent'anni.

I risultati patrimoniali sono stati piu' rapidi: miliardi di euro di beni confiscati alla criminalita' organizzata negli ultimi decenni, con effetti significativi sulla riduzione delle risorse disponibili per certe organizzazioni. Il sistema italiano di confisca allargata — che permette di confiscare beni di valore sproporzionato rispetto al reddito dichiarato — e' stato copiato da molti paesi europei proprio perche' si e' dimostrato efficace.

Il modello del pool antimafia ha dimostrato il valore della specializzazione: magistrati dedicati, con ampia condivisione delle informazioni, che costruiscono nel tempo una conoscenza profonda delle organizzazioni che indagano. Questo modello, applicato sistematicamente attraverso le DDA e la DNA, ha prodotto risultati che il sistema generalista non avrebbe mai potuto ottenere.

La cooperazione internazionale e' aumentata significativamente negli ultimi anni: Europol, Eurojust, accordi bilaterali con i principali paesi di approdo delle organizzazioni italiane hanno permesso operazioni coordinate di sequestro e arresto che una volta sarebbero state impossibili. Per comprendere appieno la portata di questo problema e' necessario guardare non solo ai numeri aggregati ma alle singole storie che li compongono. Ogni statistica nasconde una vicenda umana concreta: una famiglia che aspetta giustizia, un imputato che vive nell'incertezza, una vittima che si sente abbandonata dalle istituzioni che avrebbero dovuto proteggerla. I dati ci dicono che il sistema non funziona; le storie ci dicono perche' questo conta.

Il confronto con i sistemi europei che funzionano meglio e' illuminante non perche' si tratti di copiare acriticamente modelli stranieri, ma perche' dimostra che soluzioni diverse sono possibili all'interno di culture giuridiche simili e di contesti storici comparabili. La Germania, la Francia, l'Olanda, i paesi nordici — non sono pianeti diversi. Sono democrazie con sistemi giuridici di civil law come l'Italia, con storie di criminalita' e di riforma della giustizia, con risorse non illimitate. Se riescono a fare di meglio, e' perche' hanno fatto scelte diverse — di investimento, di priorita', di cultura istituzionale.

Le riforme necessarie sono note. Le ha descritte la dottrina giuridica, le ha raccomandate la Commissione europea, le hanno indicate i rapporti delle commissioni parlamentari succedutesi negli anni. Il problema non e' la mancanza di idee: e' la mancanza di volonta' politica di attuarle. E la volonta' politica di attuarle dipende, in ultima analisi, dall'interesse dei cittadini: se i cittadini italiani iniziassero a valutare la giustizia come un criterio prioritario di scelta politica — come valutano la sanita', la scuola, l'economia — i governi troverebbero il modo di fare le riforme necessarie. Finora non e' stato cosi'.

Ma qualcosa si sta muovendo. Le riforme degli ultimi anni — pur imperfette e parziali — mostrano che il tema e' diventato impossibile da ignorare. La pressione dell'Unione Europea attraverso i fondi del PNRR — che condiziona parte degli aiuti economici all'efficienza del sistema giudiziario — ha introdotto un vincolo esterno che i governi italiani non possono eludere. La societa' civile — le associazioni di vittime, i giornalisti di inchiesta, i ricercatori — continua a produrre dati e analisi che rendono sempre piu' difficile nascondere il problema sotto il tappeto.

La certezza della pena e' il fondamento di qualsiasi sistema di convivenza civile degno di questo nome. Senza di essa, le leggi sono teatro. Con essa, le leggi sono strumento di civilta'. L'Italia puo' avercela. Ma deve decidersi a volerla davvero. Dobbiamo essere onesti su cosa significa riformare il sistema giudiziario italiano in modo strutturale. Significa resistere alla tentazione dei proclami facili e delle misure simboliche. Significa accettare che i risultati arriveranno in anni, non in settimane. Significa spendere denaro pubblico su qualcosa che non produce voti immediati. E significa costruire consenso attorno a scelte difficili invece di cedere alle pressioni dei vari gruppi di interesse che ogni riforma tocca.

E' un progetto di lungo periodo, e la politica italiana non ama i progetti di lungo periodo. Ma e' l'unico progetto che funziona. Ogni aggiustamento tecnico, ogni piccola modifica alla prescrizione, ogni inasprimento delle pene sulla carta senza risorse per applicarle — sono palliativi che non risolvono il problema e spesso lo aggravano creando aspettative deluse e ulteriore cinismo.

La storia insegna che le grandi riforme dei sistemi giudiziari avvengono quando c'e' una combinazione di pressione esterna (l'Europa, i mercati finanziari, i partner internazionali), crisi interna di legittimita' (la percezione che il sistema sia irrimediabilmente compromesso), e leadership politica disposta a investire il proprio capitale su un'agenda di lungo periodo. L'Italia ha vissuto momenti in cui queste tre condizioni si sono avvicinate. La speranza e' che si ripresentino, e che questa volta producano una riforma all'altezza del problema. E' importante soffermarsi su un aspetto che il dibattito politico tende a trascurare: il costo umano dell'impunita' non si misura solo in termini di crimini commessi o di crimini impuniti. Si misura anche in termini di sfiducia, di cinismo, di dis-impegno civico. Quando i cittadini vedono che il sistema non funziona, che i potenti la fanno franca, che la giustizia arriva in ritardo o non arriva affatto, la risposta normale e' il ritiro: non ci si fida delle istituzioni, non si collabora con le forze dell'ordine, non si denuncia. Questo ritiro e' razionale dal punto di vista del singolo cittadino, ma e' devastante per il tessuto sociale complessivo.

La fiducia nelle istituzioni e' un bene pubblico: una volta erosa e' molto difficile da ricostruire. L'Italia degli anni settanta e ottanta ha vissuto la stagione del terrorismo politico in parte a causa di una sfiducia profonda nelle istituzioni, percepite come al servizio dei potenti e non dei cittadini. Non stiamo vivendo quella stagione, per fortuna. Ma i semi della sfiducia che produce impegno civico negativo invece di positivo sono presenti ogni volta che un politico corrotto la fa franca, ogni volta che un processo prescrive, ogni volta che una vittima aspetta anni senza ottenere risposta.

Recuperare la fiducia nei confronti del sistema giudiziario richiede quindi non solo riforme tecniche — per quanto necessarie — ma anche una comunicazione diversa sui risultati raggiunti e su quelli mancati, una maggiore trasparenza sui dati di funzionamento del sistema, e un dibattito pubblico che sia all'altezza della complessita' del problema. La semplificazione populista — i giudici sono tutti comunisti, o i politici sono tutti corrotti, o bisogna buttare via la chiave — non aiuta. E' una risposta emotiva a un problema strutturale, e produce solo ulteriore polarizzazione senza avanzare di un millimetro verso la soluzione.

Il ruolo dell'educazione civica e' spesso sottovalutato in questo contesto. Un cittadino che capisce come funziona il sistema giudiziario, che conosce i propri diritti e i propri doveri, che sa distinguere tra garantismo e impunita', tra giustizialismo e tutela delle vittime — e' un cittadino che puo' partecipare al dibattito pubblico in modo costruttivo e che puo' esercitare pressione politica in modo informato. La scuola italiana, nella formazione di questa consapevolezza, ha ancora molto lavoro da fare.

Guardando avanti, ci sono ragioni caute di ottimismo. La generazione di magistrati e di funzionari pubblici che sta entrando nel sistema in questi anni e' spesso piu' orientata all'efficienza e alla modernizzazione di quanto non fossero le generazioni precedenti. Le tecnologie digitali che stanno penetrando il sistema giudiziario — pur lentamente — stanno producendo efficienze reali in alcune sedi. La pressione europea sui risultati, legata ai fondi del PNRR, sta creando incentivi che prima non esistevano. E la societa' civile italiana — quella delle associazioni antimafia, dei giornalisti di inchiesta, degli avvocati che difendono i diritti delle vittime, dei ricercatori che producono analisi rigorose — continua a funzionare come presidio di controllo e di pressione.

Non basta, naturalmente. Il divario tra dove siamo e dove dovremmo essere rimane enorme. Ma il fatto che esista un dibattito pubblico informato sulla giustizia, che i dati siano accessibili e analizzati, che le riforme vengano almeno discusse — e' una condizione necessaria per il cambiamento, anche se non sufficiente.

=

Proteggere i testimoni, proteggere i magistrati: il costo del contrasto

Il contrasto alla criminalita' organizzata ha un costo umano che non puo' essere ignorato. Giovanni Falcone e Paolo Borsellino sono i simboli piu' noti di questo costo, uccisi nel 1992 con le bombe di Capaci e di via D'Amelio. Ma prima e dopo di loro, decine di magistrati, poliziotti, giornalisti, imprenditori, testimoni e cittadini sono stati uccisi perche' si erano opposti alle mafie.

Il sistema di protezione dei magistrati e delle forze dell'ordine che si occupano di criminalita' organizzata e' evoluto significativamente dall'inizio degli anni novanta ma rimane costoso e imperfetto. I magistrati delle DDA vivono spesso per anni sotto scorta, con limitazioni alla vita personale e familiare.

I testimoni e i collaboratori di giustizia sono protetti da un programma speciale che prevede nuova identita', trasferimento in luoghi sicuri, supporto economico. Il programma ha funzionato in molti casi ma ha anche avuto fallimenti: testimoni che sono stati comunque rintracciati, o che hanno abbandonato la protezione esponendosi a rischi enormi.

La societa' civile che si oppone attivamente alla mafia — i commercianti che rifiutano il pizzo, i giornalisti che investigano i clan — e' esposta a rischi che lo Stato puo' ridurre ma non eliminare completamente. Addiopizzo a Palermo, le organizzazioni antiracket in Campania, i giornali locali che nel Sud documentano l'attivita' dei clan — sono espressioni di coraggio civico che meritano supporto istituzionale sistematico. Per comprendere appieno la portata di questo problema e' necessario guardare non solo ai numeri aggregati ma alle singole storie che li compongono. Ogni statistica nasconde una vicenda umana concreta: una famiglia che aspetta giustizia, un imputato che vive nell'incertezza, una vittima che si sente abbandonata dalle istituzioni che avrebbero dovuto proteggerla. I dati ci dicono che il sistema non funziona; le storie ci dicono perche' questo conta.

Il confronto con i sistemi europei che funzionano meglio e' illuminante non perche' si tratti di copiare acriticamente modelli stranieri, ma perche' dimostra che soluzioni diverse sono possibili all'interno di culture giuridiche simili e di contesti storici comparabili. La Germania, la Francia, l'Olanda, i paesi nordici — non sono pianeti diversi. Sono democrazie con sistemi giuridici di civil law come l'Italia, con storie di criminalita' e di riforma della giustizia, con risorse non illimitate. Se riescono a fare di meglio, e' perche' hanno fatto scelte diverse — di investimento, di priorita', di cultura istituzionale.

Le riforme necessarie sono note. Le ha descritte la dottrina giuridica, le ha raccomandate la Commissione europea, le hanno indicate i rapporti delle commissioni parlamentari succedutesi negli anni. Il problema non e' la mancanza di idee: e' la mancanza di volonta' politica di attuarle. E la volonta' politica di attuarle dipende, in ultima analisi, dall'interesse dei cittadini: se i cittadini italiani iniziassero a valutare la giustizia come un criterio prioritario di scelta politica — come valutano la sanita', la scuola, l'economia — i governi troverebbero il modo di fare le riforme necessarie. Finora non e' stato cosi'.

Ma qualcosa si sta muovendo. Le riforme degli ultimi anni — pur imperfette e parziali — mostrano che il tema e' diventato impossibile da ignorare. La pressione dell'Unione Europea attraverso i fondi del PNRR — che condiziona parte degli aiuti economici all'efficienza del sistema giudiziario — ha introdotto un vincolo esterno che i governi italiani non possono eludere. La societa' civile — le associazioni di vittime, i giornalisti di inchiesta, i ricercatori — continua a produrre dati e analisi che rendono sempre piu' difficile nascondere il problema sotto il tappeto.

La certezza della pena e' il fondamento di qualsiasi sistema di convivenza civile degno di questo nome. Senza di essa, le leggi sono teatro. Con essa, le leggi sono strumento di civilta'. L'Italia puo' avercela. Ma deve decidersi a volerla davvero. Dobbiamo essere onesti su cosa significa riformare il sistema giudiziario italiano in modo strutturale. Significa resistere alla tentazione dei proclami facili e delle misure simboliche. Significa accettare che i risultati arriveranno in anni, non in settimane. Significa spendere denaro pubblico su qualcosa che non produce voti immediati. E significa costruire consenso attorno a scelte difficili invece di cedere alle pressioni dei vari gruppi di interesse che ogni riforma tocca.

E' un progetto di lungo periodo, e la politica italiana non ama i progetti di lungo periodo. Ma e' l'unico progetto che funziona. Ogni aggiustamento tecnico, ogni piccola modifica alla prescrizione, ogni inasprimento delle pene sulla carta senza risorse per applicarle — sono palliativi che non risolvono il problema e spesso lo aggravano creando aspettative deluse e ulteriore cinismo.

La storia insegna che le grandi riforme dei sistemi giudiziari avvengono quando c'e' una combinazione di pressione esterna (l'Europa, i mercati finanziari, i partner internazionali), crisi interna di legittimita' (la percezione che il sistema sia irrimediabilmente compromesso), e leadership politica disposta a investire il proprio capitale su un'agenda di lungo periodo. L'Italia ha vissuto momenti in cui queste tre condizioni si sono avvicinate. La speranza e' che si ripresentino, e che questa volta producano una riforma all'altezza del problema. E' importante soffermarsi su un aspetto che il dibattito politico tende a trascurare: il costo umano dell'impunita' non si misura solo in termini di crimini commessi o di crimini impuniti. Si misura anche in termini di sfiducia, di cinismo, di dis-impegno civico. Quando i cittadini vedono che il sistema non funziona, che i potenti la fanno franca, che la giustizia arriva in ritardo o non arriva affatto, la risposta normale e' il ritiro: non ci si fida delle

istituzioni, non si collabora con le forze dell'ordine, non si denuncia. Questo ritiro e' razionale dal punto di vista del singolo cittadino, ma e' devastante per il tessuto sociale complessivo.

La fiducia nelle istituzioni e' un bene pubblico: una volta erosa e' molto difficile da ricostruire. L'Italia degli anni settanta e ottanta ha vissuto la stagione del terrorismo politico in parte a causa di una sfiducia profonda nelle istituzioni, percepite come al servizio dei potenti e non dei cittadini. Non stiamo vivendo quella stagione, per fortuna. Ma i semi della sfiducia che produce impegno civico negativo invece di positivo sono presenti ogni volta che un politico corrotto la fa franca, ogni volta che un processo prescrive, ogni volta che una vittima aspetta anni senza ottenere risposta.

Recuperare la fiducia nei confronti del sistema giudiziario richiede quindi non solo riforme tecniche — per quanto necessarie — ma anche una comunicazione diversa sui risultati raggiunti e su quelli mancati, una maggiore trasparenza sui dati di funzionamento del sistema, e un dibattito pubblico che sia all'altezza della complessita' del problema. La semplificazione populista — i giudici sono tutti comunisti, o i politici sono tutti corrotti, o bisogna buttare via la chiave — non aiuta. E'

una risposta emotiva a un problema strutturale, e produce solo ulteriore polarizzazione senza avanzare di un millimetro verso la soluzione.

Il ruolo dell'educazione civica e' spesso sottovalutato in questo contesto. Un cittadino che capisce come funziona il sistema giudiziario, che conosce i propri diritti e i propri doveri, che sa distinguere tra garantismo e impunita', tra giustizialismo e tutela delle vittime — e' un cittadino che puo' partecipare al dibattito pubblico in modo costruttivo e che puo' esercitare pressione politica in modo informato. La scuola italiana, nella formazione di questa consapevolezza, ha ancora molto lavoro da fare.

Guardando avanti, ci sono ragioni caute di ottimismo. La generazione di magistrati e di funzionari pubblici che sta entrando nel sistema in questi anni e' spesso piu' orientata all'efficienza e alla modernizzazione di quanto non fossero le generazioni precedenti. Le tecnologie digitali che stanno penetrando il sistema giudiziario — pur lentamente — stanno producendo efficienze reali in alcune sedi. La pressione europea sui risultati, legata ai fondi del PNRR, sta creando incentivi che prima non esistevano. E la societa' civile italiana — quella delle associazioni antimafia, dei giornalisti di

inchiesta, degli avvocati che difendono i diritti delle vittime, dei ricercatori che producono analisi rigorose — continua a funzionare come presidio di controllo e di pressione.

Non basta, naturalmente. Il divario tra dove siamo e dove dovremmo essere rimane enorme. Ma il fatto che esista un dibattito pubblico informato sulla giustizia, che i dati siano accessibili e analizzati, che le riforme vengano almeno discusse — e' una condizione necessaria per il cambiamento, anche se non sufficiente.

Punti Chiave del Capitolo

* La 'Ndrangheta e' oggi la piu' potente organizzazione criminale italiana con una rete internazionale capillare; Cosa Nostra e' stata significativamente indebolita; la Camorra e' frammentata ma molto violenta.

* Le organizzazioni mafiose usano il sistema giudiziario in modo strategico: moltiplicazione delle impugnazioni, cambio di avvocati, eccezioni procedurali — tutto legittimo, tutto efficace nel dilatare i tempi.

* I risultati del contrasto esistono: miliardi confiscati, operazioni coordinate internazionalmente, cattura di latitanti storici.

* La sfida del ventunesimo secolo e' il radicamento economico: estrarre le organizzazioni criminali dall'economia legale richiede competenze finanziarie oltre che investigative tradizionali.

* Il modello del pool specializzato (DDA, DNA) ha dimostrato la sua superiorita' rispetto al sistema generalista.

Capitolo Sette

La Giustizia Percepita: Fiducia, Media e Populismo Penale

Come il dibattito pubblico sulla giustizia si e' distorto tra garantismo di comodo e giustizialismo senza sostanza

---

"Tra chi vuole tutto e subito e chi vuole niente e mai, la giustizia vera rimane senza difensori."

-- Giulio Trentini

Il divario tra giustizia reale e giustizia percepita

Uno dei paradossi della conversazione pubblica sulla giustizia in Italia e' il divario profondo tra la realta' documentata dai dati e la percezione diffusa tra i cittadini. Questo divario non e' accidentale: e' in parte il prodotto di un'informazione che privilegia i casi eclatanti rispetto ai pattern strutturali, e in parte il risultato di una classe politica che usa la giustizia come campo di battaglia ideologica.

La criminalita' in Italia — quella violenta, quella contro il patrimonio — e' diminuita negli ultimi vent'anni in quasi tutte le categorie di reato. Il numero di omicidi e' drasticamente calato dai livelli degli anni ottanta e novanta. I furti e le rapine mostrano andamenti altalenanti ma non i picchi storici degli anni piu' critici.

Eppure la percezione dei cittadini e' che la criminalita' sia in aumento. I sondaggi mostrano costantemente che una maggioranza degli italiani ritiene che la sicurezza sia peggiorata, che i criminali la facciano franca, che le leggi siano troppo permissive. Come si spiega questo divario?

La risposta e' che il problema reale — la lentezza della giustizia, l'impunita' di fatto per molte categorie di reati, il fallimento del sistema carcerario nel ridurre la recidiva — e' reale ma non e' quello che i media mostrano principalmente. I media mostrano il singolo caso di cronaca nera, il criminale che torna in liberta', il giudice che sembra clemente nel caso specifico. Questi casi esistono, ma vengono decontestualizzati dal pattern piu' ampio.

Il risultato e' una conversazione pubblica sulla giustizia che reagisce agli episodi anziche' ai dati, che produce pressioni per interventi punitivi immediati anziche' per riforme strutturali, e che lascia irrisolto il problema vero: un sistema che non funziona perche' non ha le risorse per farlo. Per comprendere appieno la portata di questo problema e' necessario guardare non solo ai numeri aggregati ma alle singole storie che li compongono. Ogni statistica nasconde una vicenda umana concreta: una famiglia che aspetta giustizia, un imputato che vive nell'incertezza, una vittima che si sente abbandonata dalle istituzioni che avrebbero dovuto proteggerla. I dati ci dicono che il sistema non funziona; le storie ci dicono perche' questo conta.

Il confronto con i sistemi europei che funzionano meglio e' illuminante non perche' si tratti di copiare acriticamente modelli stranieri, ma perche' dimostra che soluzioni diverse sono possibili all'interno di culture giuridiche simili e di contesti storici comparabili. La Germania, la Francia, l'Olanda, i paesi nordici — non sono pianeti diversi. Sono democrazie con sistemi giuridici di civil law come l'Italia, con storie di criminalita' e di riforma della giustizia, con risorse non illimitate. Se riescono a fare di meglio, e' perche' hanno fatto scelte diverse — di investimento, di priorita', di cultura istituzionale.

Le riforme necessarie sono note. Le ha descritte la dottrina giuridica, le ha raccomandate la Commissione europea, le hanno indicate i rapporti delle commissioni parlamentari succedutesi negli anni. Il problema non e' la mancanza di idee: e' la mancanza di volonta' politica di attuarle. E la volonta' politica di attuarle dipende, in ultima analisi, dall'interesse dei cittadini: se i cittadini italiani iniziassero a valutare la giustizia come un criterio prioritario di scelta politica — come valutano la sanita', la scuola, l'economia — i governi troverebbero il modo di fare le riforme necessarie. Finora non e' stato cosi'.

Ma qualcosa si sta muovendo. Le riforme degli ultimi anni — pur imperfette e parziali — mostrano che il tema e' diventato impossibile da ignorare. La pressione dell'Unione Europea attraverso i fondi del PNRR — che condiziona parte degli aiuti economici all'efficienza del sistema giudiziario — ha introdotto un vincolo esterno che i governi italiani non possono eludere. La societa' civile — le associazioni di vittime, i giornalisti di inchiesta, i ricercatori — continua a produrre dati e analisi che rendono sempre piu' difficile nascondere il problema sotto il tappeto.

La certezza della pena e' il fondamento di qualsiasi sistema di convivenza civile degno di questo nome.

Senza di essa, le leggi sono teatro. Con essa, le leggi sono strumento di civilta'. L'Italia puo' avercela. Ma deve decidersi a volerla davvero. Dobbiamo essere onesti su cosa significa riformare il sistema giudiziario italiano in modo strutturale. Significa resistere alla tentazione dei proclami facili e delle misure simboliche. Significa accettare che i risultati arriveranno in anni, non in settimane. Significa spendere denaro pubblico su qualcosa che non produce voti immediati. E significa costruire consenso attorno a scelte difficili invece di cedere alle pressioni dei vari gruppi di interesse che ogni riforma tocca.

E' un progetto di lungo periodo, e la politica italiana non ama i progetti di lungo periodo. Ma e' l'unico progetto che funziona. Ogni aggiustamento tecnico, ogni piccola modifica alla prescrizione, ogni inasprimento delle pene sulla carta senza risorse per applicarle — sono palliativi che non risolvono il problema e spesso lo aggravano creando aspettative deluse e ulteriore cinismo.

La storia insegna che le grandi riforme dei sistemi giudiziari avvengono quando c'e' una combinazione di pressione esterna (l'Europa, i mercati finanziari, i partner internazionali), crisi interna di legittimita' (la percezione che il sistema sia irrimediabilmente compromesso), e

leadership politica disposta a investire il proprio capitale su un'agenda di lungo periodo. L'Italia ha vissuto momenti in cui queste tre condizioni si sono avvicinate. La speranza e' che si ripresentino, e che questa volta producano una riforma all'altezza del problema. E' importante soffermarsi su un aspetto che il dibattito politico tende a trascurare: il costo umano dell'impunita' non si misura solo in termini di crimini commessi o di crimini impuniti. Si misura anche in termini di sfiducia, di cinismo, di dis-impegno civico. Quando i cittadini vedono che il sistema non funziona, che i potenti la fanno franca, che la giustizia arriva in ritardo o non arriva affatto, la risposta normale e' il ritiro: non ci si fida delle istituzioni, non si collabora con le forze dell'ordine, non si denuncia. Questo ritiro e' razionale dal punto di vista del singolo cittadino, ma e' devastante per il tessuto sociale complessivo.

La fiducia nelle istituzioni e' un bene pubblico: una volta erosa e' molto difficile da ricostruire. L'Italia degli anni settanta e ottanta ha vissuto la stagione del terrorismo politico in parte a causa di una sfiducia profonda nelle istituzioni, percepite come al servizio dei potenti e non dei cittadini. Non stiamo vivendo quella stagione, per fortuna. Ma i semi della sfiducia che produce impegno civico negativo invece di positivo sono

presenti ogni volta che un politico corrotto la fa franca, ogni volta che un processo prescrive, ogni volta che una vittima aspetta anni senza ottenere risposta.

Recuperare la fiducia nei confronti del sistema giudiziario richiede quindi non solo riforme tecniche — per quanto necessarie — ma anche una comunicazione diversa sui risultati raggiunti e su quelli mancati, una maggiore trasparenza sui dati di funzionamento del sistema, e un dibattito pubblico che sia all'altezza della complessita' del problema. La semplificazione populista — i giudici sono tutti comunisti, o i politici sono tutti corrotti, o bisogna buttare via la chiave — non aiuta. E' una risposta emotiva a un problema strutturale, e produce solo ulteriore polarizzazione senza avanzare di un millimetro verso la soluzione.

Il ruolo dell'educazione civica e' spesso sottovalutato in questo contesto. Un cittadino che capisce come funziona il sistema giudiziario, che conosce i propri diritti e i propri doveri, che sa distinguere tra garantismo e impunita', tra giustizialismo e tutela delle vittime — e' un cittadino che puo' partecipare al dibattito pubblico in modo costruttivo e che puo' esercitare pressione politica in modo informato. La scuola italiana, nella formazione di questa consapevolezza, ha ancora molto lavoro da

fare.

Guardando avanti, ci sono ragioni caute di ottimismo. La generazione di magistrati e di funzionari pubblici che sta entrando nel sistema in questi anni e' spesso piu' orientata all'efficienza e alla modernizzazione di quanto non fossero le generazioni precedenti. Le tecnologie digitali che stanno penetrando il sistema giudiziario — pur lentamente — stanno producendo efficienze reali in alcune sedi. La pressione europea sui risultati, legata ai fondi del PNRR, sta creando incentivi che prima non esistevano. E la societa' civile italiana — quella delle associazioni antimafia, dei giornalisti di inchiesta, degli avvocati che difendono i diritti delle vittime, dei ricercatori che producono analisi rigorose — continua a funzionare come presidio di controllo e di pressione.

Non basta, naturalmente. Il divario tra dove siamo e dove dovremmo essere rimane enorme. Ma il fatto che esista un dibattito pubblico informato sulla giustizia, che i dati siano accessibili e analizzati, che le riforme vengano almeno discusse — e' una condizione necessaria per il cambiamento, anche se non sufficiente.

=

Il ruolo dei media nella distorsione del dibattito penale

I media italiani hanno un rapporto problematico con la giustizia penale. La cronaca nera e giudiziaria e' uno dei generi piu' seguiti e piu' remunerativi dal punto di vista dell'attenzione del pubblico. Questo crea incentivi strutturali a privilegiare la spettacolarizzazione rispetto all'accuratezza, il caso singolo rispetto al pattern, la notizia immediata rispetto all'analisi.

La copertura mediatica delle indagini penali e dei processi presenta problemi specifici: le notizie di indagine vengono spesso trattate come se fossero equivalenti a una condanna, violando di fatto la presunzione di innocenza nella percezione pubblica. Le assoluzioni ricevono molta meno attenzione degli arresti. I processi prescritti vengono spesso riportati come la giustizia ha fallito senza spiegare le cause strutturali della prescrizione.

La diretta giudiziaria — la copertura in tempo reale di certi processi — crea il rischio del processo mediatico parallelo a quello giudiziario: un processo in cui l'opinione pubblica forma un giudizio di colpevolezza o innocenza sulla base delle notizie filtrate dai media, molto prima che il processo legale arrivi a sentenza. In alcuni casi questo processo mediatico ha prodotto danni a persone poi risultate innocenti.

La soluzione non e' la censura dell'informazione giudiziaria. La soluzione e' una migliore cultura giornalistica: la distinzione chiara tra indagato e condannato, la copertura sistematica delle assoluzioni con la stessa intensita' degli arresti, l'analisi strutturale dei fenomeni anziche' la sola narrazione del caso singolo, la formazione specifica dei giornalisti che si occupano di giustizia. Per comprendere appieno la portata di questo problema e' necessario guardare non solo ai numeri aggregati ma alle singole storie che li compongono. Ogni statistica nasconde una vicenda umana concreta: una famiglia che aspetta giustizia, un imputato che vive nell'incertezza, una vittima che si sente abbandonata dalle istituzioni che avrebbero dovuto proteggerla. I dati ci dicono che il sistema non funziona; le storie ci dicono perche' questo conta.

Il confronto con i sistemi europei che funzionano meglio e' illuminante non perche' si tratti di copiare acriticamente modelli stranieri, ma perche' dimostra che soluzioni diverse sono possibili all'interno di culture giuridiche simili e di contesti storici comparabili. La Germania, la Francia, l'Olanda, i paesi nordici — non

sono pianeti diversi. Sono democrazie con sistemi giuridici di civil law come l'Italia, con storie di criminalita' e di riforma della giustizia, con risorse non illimitate. Se riescono a fare di meglio, e' perche' hanno fatto scelte diverse — di investimento, di priorita', di cultura istituzionale.

Le riforme necessarie sono note. Le ha descritte la dottrina giuridica, le ha raccomandate la Commissione europea, le hanno indicate i rapporti delle commissioni parlamentari succedutesi negli anni. Il problema non e' la mancanza di idee: e' la mancanza di volonta' politica di attuarle. E la volonta' politica di attuarle dipende, in ultima analisi, dall'interesse dei cittadini: se i cittadini italiani iniziassero a valutare la giustizia come un criterio prioritario di scelta politica — come valutano la sanita', la scuola, l'economia — i governi troverebbero il modo di fare le riforme necessarie. Finora non e' stato cosi'.

Ma qualcosa si sta muovendo. Le riforme degli ultimi anni — pur imperfette e parziali — mostrano che il tema e' diventato impossibile da ignorare. La pressione dell'Unione Europea attraverso i fondi del PNRR — che condiziona parte degli aiuti economici all'efficienza del sistema giudiziario — ha introdotto un vincolo esterno che i governi italiani non possono eludere. La societa'

civile — le associazioni di vittime, i giornalisti di inchiesta, i ricercatori — continua a produrre dati e analisi che rendono sempre piu' difficile nascondere il problema sotto il tappeto.

La certezza della pena e' il fondamento di qualsiasi sistema di convivenza civile degno di questo nome. Senza di essa, le leggi sono teatro. Con essa, le leggi sono strumento di civilta'. L'Italia puo' avercela. Ma deve decidersi a volerla davvero. Dobbiamo essere onesti su cosa significa riformare il sistema giudiziario italiano in modo strutturale. Significa resistere alla tentazione dei proclami facili e delle misure simboliche. Significa accettare che i risultati arriveranno in anni, non in settimane. Significa spendere denaro pubblico su qualcosa che non produce voti immediati. E significa costruire consenso attorno a scelte difficili invece di cedere alle pressioni dei vari gruppi di interesse che ogni riforma tocca.

E' un progetto di lungo periodo, e la politica italiana non ama i progetti di lungo periodo. Ma e' l'unico progetto che funziona. Ogni aggiustamento tecnico, ogni piccola modifica alla prescrizione, ogni inasprimento delle pene sulla carta senza risorse per applicarle — sono palliativi che non risolvono il problema e spesso lo

aggravano creando aspettative deluse e ulteriore cinismo.

La storia insegna che le grandi riforme dei sistemi giudiziari avvengono quando c'e' una combinazione di pressione esterna (l'Europa, i mercati finanziari, i partner internazionali), crisi interna di legittimita' (la percezione che il sistema sia irrimediabilmente compromesso), e leadership politica disposta a investire il proprio capitale su un'agenda di lungo periodo. L'Italia ha vissuto momenti in cui queste tre condizioni si sono avvicinate. La speranza e' che si ripresentino, e che questa volta producano una riforma all'altezza del problema. E' importante soffermarsi su un aspetto che il dibattito politico tende a trascurare: il costo umano dell'impunita' non si misura solo in termini di crimini commessi o di crimini impuniti. Si misura anche in termini di sfiducia, di cinismo, di dis-impegno civico. Quando i cittadini vedono che il sistema non funziona, che i potenti la fanno franca, che la giustizia arriva in ritardo o non arriva affatto, la risposta normale e' il ritiro: non ci si fida delle istituzioni, non si collabora con le forze dell'ordine, non si denuncia. Questo ritiro e' razionale dal punto di vista del singolo cittadino, ma e' devastante per il tessuto sociale complessivo.

La fiducia nelle istituzioni e' un bene pubblico: una volta persa e' molto difficile da ricostruire. L'Italia degli anni settanta e ottanta ha vissuto la stagione del terrorismo politico in parte a causa di una sfiducia profonda nelle istituzioni, percepite come al servizio dei potenti e non dei cittadini. Non stiamo vivendo quella stagione, per fortuna. Ma i semi della sfiducia che produce impegno civico negativo invece di positivo sono presenti ogni volta che un politico corrotto la fa franca, ogni volta che un processo prescrive, ogni volta che una vittima aspetta anni senza ottenere risposta.

Recuperare la fiducia nei confronti del sistema giudiziario richiede quindi non solo riforme tecniche — per quanto necessarie — ma anche una comunicazione diversa sui risultati raggiunti e su quelli mancati, una maggiore trasparenza sui dati di funzionamento del sistema, e un dibattito pubblico che sia all'altezza della complessita' del problema. La semplificazione populista — i giudici sono tutti comunisti, o i politici sono tutti corrotti, o bisogna buttare via la chiave — non aiuta. E' una risposta emotiva a un problema strutturale, e produce solo ulteriore polarizzazione senza avanzare di un millimetro verso la soluzione.

Il ruolo dell'educazione civica e' spesso sottovalutato in questo contesto. Un cittadino che capisce come funziona il sistema giudiziario, che conosce i propri diritti e i propri doveri, che sa distinguere tra garantismo e impunita', tra giustizialismo e tutela delle vittime — e' un cittadino che puo' partecipare al dibattito pubblico in modo costruttivo e che puo' esercitare pressione politica in modo informato. La scuola italiana, nella formazione di questa consapevolezza, ha ancora molto lavoro da fare.

Guardando avanti, ci sono ragioni caute di ottimismo. La generazione di magistrati e di funzionari pubblici che sta entrando nel sistema in questi anni e' spesso piu' orientata all'efficienza e alla modernizzazione di quanto non fossero le generazioni precedenti. Le tecnologie digitali che stanno penetrando il sistema giudiziario — pur lentamente — stanno producendo efficienze reali in alcune sedi. La pressione europea sui risultati, legata ai fondi del PNRR, sta creando incentivi che prima non esistevano. E la societa' civile italiana — quella delle associazioni antimafia, dei giornalisti di inchiesta, degli avvocati che difendono i diritti delle vittime, dei ricercatori che producono analisi rigorose — continua a funzionare come presidio di controllo e di pressione.

Non basta, naturalmente. Il divario tra dove siamo e dove dovremmo essere rimane enorme. Ma il fatto che esista un dibattito pubblico informato sulla giustizia, che i dati siano accessibili e analizzati, che le riforme vengano almeno discusse — e' una condizione necessaria per il cambiamento, anche se non sufficiente.

=

Come recuperare la fiducia nella giustizia: un programma minimo

La fiducia nella giustizia si recupera solo con risultati concreti. Non con campagne comunicative, non con dichiarazioni di principio, non con nuove leggi che poi rimangono sulla carta. Con risultati: processi piu' rapidi, pene piu' certe, vittime meglio tutelate, criminali che sanno di pagare le conseguenze.

Questo richiede alcune condizioni prerequisite che nessuna riforma puramente normativa puo' sostituire.

Prima: investimento in risorse umane. Piu' magistrati, piu' cancellieri, piu' polizia giudiziaria, piu' personale penitenziario. Il sistema e' sottodimensionato rispetto al carico di lavoro da decenni.

Seconda: digitalizzazione reale e completa. Il processo penale telematico deve diventare la norma. Le notifiche digitali, i depositi telematici, le udienze da remoto dove possibile — queste tecnologie esistono e in molti paesi europei sono gia' realta'.

Terza: specializzazione delle strutture giudiziarie. Sezioni specializzate per reati finanziari, per violenza di genere, per criminalita' organizzata producono risultati migliori di quelli generalisti.

Quarta: investimento nel reinserimento. Se la recidiva scende, la criminalita' scende, i costi del sistema penale scendono. Investire nel lavoro carcerario, nell'istruzione, nelle misure alternative, nel supporto post-scarcerazione e' un investimento che si ripaga economicamente oltre che socialmente.

Quinta: cultura della valutazione. Le riforme devono essere valutate sui dati, con meccanismi di monitoraggio indipendente che verifichino se gli obiettivi vengono raggiunti. Per comprendere appieno la portata di questo problema e' necessario guardare non solo ai numeri aggregati ma alle singole storie che li compongono. Ogni statistica nasconde una vicenda umana concreta: una famiglia che aspetta giustizia, un imputato che vive nell'incertezza, una vittima che si sente abbandonata dalle istituzioni che avrebbero dovuto proteggerla. I dati ci dicono che il sistema non funziona; le storie ci dicono perche' questo conta.

Il confronto con i sistemi europei che funzionano meglio e' illuminante non perche' si tratti di copiare acriticamente modelli stranieri, ma perche' dimostra che soluzioni diverse sono possibili all'interno di culture giuridiche simili e di contesti storici comparabili. La Germania, la Francia, l'Olanda, i paesi nordici — non sono pianeti diversi. Sono democrazie con sistemi giuridici di civil law come l'Italia, con storie di criminalita' e di riforma della giustizia, con risorse non illimitate. Se riescono a fare di meglio, e' perche' hanno fatto scelte diverse — di investimento, di priorita', di cultura istituzionale.

Le riforme necessarie sono note. Le ha descritte la dottrina giuridica, le ha raccomandate la Commissione europea, le hanno indicate i rapporti delle commissioni parlamentari succedutesi negli anni. Il problema non e' la mancanza di idee: e' la mancanza di volonta' politica di attuarle. E la volonta' politica di attuarle dipende, in ultima analisi, dall'interesse dei cittadini: se i cittadini italiani iniziassero a valutare la giustizia come un criterio prioritario di scelta politica — come valutano la sanita', la scuola, l'economia — i governi troverebbero il modo di fare le riforme necessarie. Finora non e' stato cosi'.

Ma qualcosa si sta muovendo. Le riforme degli ultimi anni — pur imperfette e parziali — mostrano che il tema e' diventato impossibile da ignorare. La pressione dell'Unione Europea attraverso i fondi del PNRR — che condiziona parte degli aiuti economici all'efficienza del sistema giudiziario — ha introdotto un vincolo esterno che i governi italiani non possono eludere. La societa' civile — le associazioni di vittime, i giornalisti di inchiesta, i ricercatori — continua a produrre dati e analisi che rendono sempre piu' difficile nascondere il problema sotto il tappeto.

La certezza della pena e' il fondamento di qualsiasi sistema di convivenza civile degno di questo nome. Senza di essa, le leggi sono teatro. Con essa, le leggi sono strumento di civilta'. L'Italia puo' avercela. Ma deve decidersi a volerla davvero. Dobbiamo essere onesti su cosa significa riformare il sistema giudiziario italiano in modo strutturale. Significa resistere alla tentazione dei proclami facili e delle misure simboliche. Significa accettare che i risultati arriveranno in anni, non in settimane. Significa spendere denaro pubblico su qualcosa che non produce voti immediati. E significa costruire consenso attorno a scelte difficili invece di cedere alle pressioni dei vari gruppi di interesse che ogni riforma tocca.

E' un progetto di lungo periodo, e la politica italiana non ama i progetti di lungo periodo. Ma e' l'unico progetto che funziona. Ogni aggiustamento tecnico, ogni piccola modifica alla prescrizione, ogni inasprimento delle pene sulla carta senza risorse per applicarle — sono palliativi che non risolvono il problema e spesso lo aggravano creando aspettative deluse e ulteriore cinismo.

La storia insegna che le grandi riforme dei sistemi giudiziari avvengono quando c'e' una combinazione di pressione esterna (l'Europa, i mercati finanziari, i partner internazionali), crisi interna di legittimita' (la percezione che il sistema sia irrimediabilmente compromesso), e leadership politica disposta a investire il proprio capitale su un'agenda di lungo periodo. L'Italia ha vissuto momenti in cui queste tre condizioni si sono avvicinate. La speranza e' che si ripresentino, e che questa volta producano una riforma all'altezza del problema. E' importante soffermarsi su un aspetto che il dibattito politico tende a trascurare: il costo umano dell'impunita' non si misura solo in termini di crimini commessi o di crimini impuniti. Si misura anche in termini di sfiducia, di cinismo, di dis-impegno civico. Quando i cittadini vedono che il sistema non funziona, che i potenti la fanno franca, che la giustizia arriva in ritardo o non arriva affatto, la risposta normale e' il ritiro: non ci si fida delle istituzioni, non si collabora con le forze dell'ordine, non si denuncia. Questo ritiro e' razionale dal punto di vista del singolo cittadino, ma e' devastante per il tessuto sociale complessivo.

La fiducia nelle istituzioni e' un bene pubblico: una volta erosa e' molto difficile da ricostruire. L'Italia degli anni settanta e ottanta ha vissuto la stagione del terrorismo politico in parte a causa di una sfiducia profonda nelle istituzioni, percepite come al servizio dei potenti e non dei cittadini. Non stiamo vivendo quella stagione, per fortuna. Ma i semi della sfiducia che produce impegno civico negativo invece di positivo sono presenti ogni volta che un politico corrotto la fa franca, ogni volta che un processo prescrive, ogni volta che una vittima aspetta anni senza ottenere risposta.

Recuperare la fiducia nei confronti del sistema giudiziario richiede quindi non solo riforme tecniche — per quanto necessarie — ma anche una comunicazione diversa sui risultati raggiunti e su quelli mancati, una maggiore trasparenza sui dati di funzionamento del sistema, e un dibattito pubblico che sia all'altezza della complessita' del problema. La semplificazione populista — i giudici sono tutti comunisti, o i politici sono tutti corrotti, o bisogna buttare via la chiave — non aiuta. E' una risposta emotiva a un problema strutturale, e produce solo ulteriore polarizzazione senza avanzare di un millimetro verso la soluzione.

Il ruolo dell'educazione civica e' spesso sottovalutato in questo contesto. Un cittadino che capisce come funziona il sistema giudiziario, che conosce i propri diritti e i propri doveri, che sa distinguere tra garantismo e impunita', tra giustizialismo e tutela delle vittime — e' un cittadino che puo' partecipare al dibattito pubblico in modo costruttivo e che puo' esercitare pressione politica in modo informato. La scuola italiana, nella formazione di questa consapevolezza, ha ancora molto lavoro da fare.

Guardando avanti, ci sono ragioni caute di ottimismo. La generazione di magistrati e di funzionari pubblici che sta entrando nel sistema in questi anni e' spesso piu' orientata all'efficienza e alla modernizzazione di quanto non fossero le generazioni precedenti. Le tecnologie digitali che stanno penetrando il sistema giudiziario — pur lentamente — stanno producendo efficienze reali in alcune sedi. La pressione europea sui risultati, legata ai fondi del PNRR, sta creando incentivi che prima non esistevano. E la societa' civile italiana — quella delle associazioni antimafia, dei giornalisti di inchiesta, degli avvocati che difendono i diritti delle vittime, dei ricercatori che producono analisi rigorose — continua a funzionare come presidio di controllo e di pressione.

Non basta, naturalmente. Il divario tra dove siamo e dove dovremmo essere rimane enorme. Ma il fatto che esista un dibattito pubblico informato sulla giustizia, che i dati siano accessibili e analizzati, che le riforme vengano almeno discusse — e' una condizione necessaria per il cambiamento, anche se non sufficiente.

Punti Chiave del Capitolo

* La criminalita' violenta in Italia e' diminuita negli ultimi vent'anni, ma la percezione dei cittadini e' che sia aumentata.

* Il dibattito garantismo vs. giustizialismo e' in gran parte artificiale: in un sistema funzionante, garanzie e tutela delle vittime non sono alternative ma complementari.

* I media italiani spesso trattano le indagini come condanne, contribuendo a distorcere la percezione pubblica della giustizia.

* Il populismo penale produce leggi piu' severe sulla carta senza migliorare la realta': la politica criminale efficace e' empirica, non emotiva.

* Recuperare la fiducia nella giustizia richiede piu' risorse umane, digitalizzazione reale, strutture specializzate, investimento nel reinserimento, cultura della valutazione.

Capitolo Otto

Riforme Possibili: Un'Agenda per la Certezza della Pena

Cosa si puo' fare davvero: non i proclami, ma le misure concrete con evidenza di efficacia

---

"Un sistema giusto non si costruisce con le buone intenzioni. Si costruisce con le risorse, le regole e la volonta' di applicarle."

-- Giulio Trentini

Cosa si intende per certezza della pena in modo rigoroso

Il termine certezza della pena viene usato spesso nel dibattito pubblico in modo impreciso, come sinonimo di pene piu' severe o di niente sconti. Vale la pena definirlo in modo rigoroso, perche' la definizione corretta e' diversa da quella popolare.

La certezza della pena, nel senso tecnico che deriva da Beccaria e che e' confermato dalla ricerca criminologica moderna, non significa pene lunghe o severe. Significa che la probabilita' di essere scoperti, processati e puniti e' alta e percepita come tale da chi sta per commettere un reato. E' la prevedibilita' della conseguenza, non la sua severita', che produce deterrenza.

Questo ha implicazioni controintuitive per la politica penale. Aumentare la pena massima per un reato da dieci a quindici anni non produce un aumento della deterrenza se la probabilita' di essere condannati rimane molto bassa: la maggior parte dei potenziali autori di reato non pensa di essere catturata, e quindi la pena prevista e' irrilevante per la loro decisione.

Aumentare la probabilita' di essere catturati e condannati in tempi ragionevoli, anche con una pena piu' breve, produce deterrenza molto piu' efficace. Questo e' il motivo per cui i paesi con sistemi penali piu' efficienti ottengono risultati migliori nella riduzione della criminalita' rispetto ai paesi che puntano sulla severita' formale delle pene senza investire nell'efficienza del sistema.

La certezza della pena nel senso corretto del termine richiede quindi: alta probabilita' di identificazione del colpevole (efficienza investigativa), alta probabilita' di condanna in tempi ragionevoli (efficienza del processo), e pena effettivamente eseguita (senza elusione attraverso le lacune del sistema). E' un sistema che richiede investimenti in ogni suo anello, non solo nel quantum della pena. Per comprendere appieno la portata di questo problema e' necessario guardare non solo ai numeri aggregati ma alle singole storie che li compongono. Ogni statistica nasconde una vicenda umana concreta: una famiglia che aspetta giustizia, un imputato che vive nell'incertezza, una vittima che si sente abbandonata dalle istituzioni che avrebbero dovuto proteggerla. I dati ci dicono che il sistema non funziona; le storie ci dicono perche' questo conta.

Il confronto con i sistemi europei che funzionano meglio e' illuminante non perche' si tratti di copiare acriticamente modelli stranieri, ma perche' dimostra che soluzioni diverse sono possibili all'interno di culture giuridiche simili e di contesti storici comparabili. La Germania, la Francia, l'Olanda, i paesi nordici — non sono pianeti diversi. Sono democrazie con sistemi giuridici di civil law come l'Italia, con storie di criminalita' e di riforma della giustizia, con risorse non illimitate. Se riescono a fare di meglio, e' perche' hanno fatto scelte diverse — di investimento, di priorita', di cultura istituzionale.

Le riforme necessarie sono note. Le ha descritte la dottrina giuridica, le ha raccomandate la Commissione europea, le hanno indicate i rapporti delle commissioni parlamentari succedutesi negli anni. Il problema non e' la mancanza di idee: e' la mancanza di volonta' politica di attuarle. E la volonta' politica di attuarle dipende, in ultima analisi, dall'interesse dei cittadini: se i cittadini italiani iniziassero a valutare la giustizia come un criterio prioritario di scelta politica — come valutano la sanita', la scuola, l'economia — i governi troverebbero il modo di fare le riforme necessarie. Finora non e' stato cosi'.

Ma qualcosa si sta muovendo. Le riforme degli ultimi anni — pur imperfette e parziali — mostrano che il tema e' diventato impossibile da ignorare. La pressione dell'Unione Europea attraverso i fondi del PNRR — che condiziona parte degli aiuti economici all'efficienza del sistema giudiziario — ha introdotto un vincolo esterno che i governi italiani non possono eludere. La societa' civile — le associazioni di vittime, i giornalisti di inchiesta, i ricercatori — continua a produrre dati e analisi che rendono sempre piu' difficile nascondere il problema sotto il tappeto.

La certezza della pena e' il fondamento di qualsiasi sistema di convivenza civile degno di questo nome.

Senza di essa, le leggi sono teatro. Con essa, le leggi sono strumento di civilta'. L'Italia puo' avercela. Ma deve decidersi a volerla davvero. Dobbiamo essere onesti su cosa significa riformare il sistema giudiziario italiano in modo strutturale. Significa resistere alla tentazione dei proclami facili e delle misure simboliche. Significa accettare che i risultati arriveranno in anni, non in settimane. Significa spendere denaro pubblico su qualcosa che non produce voti immediati. E significa costruire consenso attorno a scelte difficili invece di cedere alle pressioni dei vari gruppi di interesse che ogni riforma tocca.

E' un progetto di lungo periodo, e la politica italiana non ama i progetti di lungo periodo. Ma e' l'unico progetto che funziona. Ogni aggiustamento tecnico, ogni piccola modifica alla prescrizione, ogni inasprimento delle pene sulla carta senza risorse per applicarle — sono palliativi che non risolvono il problema e spesso lo aggravano creando aspettative deluse e ulteriore cinismo.

La storia insegna che le grandi riforme dei sistemi giudiziari avvengono quando c'e' una combinazione di pressione esterna (l'Europa, i mercati finanziari, i partner internazionali), crisi interna di legittimita' (la percezione che il sistema sia irrimediabilmente compromesso), e

leadership politica disposta a investire il proprio capitale su un'agenda di lungo periodo. L'Italia ha vissuto momenti in cui queste tre condizioni si sono avvicinate. La speranza e' che si ripresentino, e che questa volta producano una riforma all'altezza del problema. E' importante soffermarsi su un aspetto che il dibattito politico tende a trascurare: il costo umano dell'impunita' non si misura solo in termini di crimini commessi o di crimini impuniti. Si misura anche in termini di sfiducia, di cinismo, di dis-impegno civico. Quando i cittadini vedono che il sistema non funziona, che i potenti la fanno franca, che la giustizia arriva in ritardo o non arriva affatto, la risposta normale e' il ritiro: non ci si fida delle istituzioni, non si collabora con le forze dell'ordine, non si denuncia. Questo ritiro e' razionale dal punto di vista del singolo cittadino, ma e' devastante per il tessuto sociale complessivo.

La fiducia nelle istituzioni e' un bene pubblico: una volta erosa e' molto difficile da ricostruire. L'Italia degli anni settanta e ottanta ha vissuto la stagione del terrorismo politico in parte a causa di una sfiducia profonda nelle istituzioni, percepite come al servizio dei potenti e non dei cittadini. Non stiamo vivendo quella stagione, per fortuna. Ma i semi della sfiducia che produce impegno civico negativo invece di positivo sono

presenti ogni volta che un politico corrotto la fa franca, ogni volta che un processo prescrive, ogni volta che una vittima aspetta anni senza ottenere risposta.

Recuperare la fiducia nei confronti del sistema giudiziario richiede quindi non solo riforme tecniche — per quanto necessarie — ma anche una comunicazione diversa sui risultati raggiunti e su quelli mancati, una maggiore trasparenza sui dati di funzionamento del sistema, e un dibattito pubblico che sia all'altezza della complessita' del problema. La semplificazione populista — i giudici sono tutti comunisti, o i politici sono tutti corrotti, o bisogna buttare via la chiave — non aiuta. E' una risposta emotiva a un problema strutturale, e produce solo ulteriore polarizzazione senza avanzare di un millimetro verso la soluzione.

Il ruolo dell'educazione civica e' spesso sottovalutato in questo contesto. Un cittadino che capisce come funziona il sistema giudiziario, che conosce i propri diritti e i propri doveri, che sa distinguere tra garantismo e impunita', tra giustizialismo e tutela delle vittime — e' un cittadino che puo' partecipare al dibattito pubblico in modo costruttivo e che puo' esercitare pressione politica in modo informato. La scuola italiana, nella formazione di questa consapevolezza, ha ancora molto lavoro da

fare.

Guardando avanti, ci sono ragioni caute di ottimismo. La generazione di magistrati e di funzionari pubblici che sta entrando nel sistema in questi anni e' spesso piu' orientata all'efficienza e alla modernizzazione di quanto non fossero le generazioni precedenti. Le tecnologie digitali che stanno penetrando il sistema giudiziario — pur lentamente — stanno producendo efficienze reali in alcune sedi. La pressione europea sui risultati, legata ai fondi del PNRR, sta creando incentivi che prima non esistevano. E la societa' civile italiana — quella delle associazioni antimafia, dei giornalisti di inchiesta, degli avvocati che difendono i diritti delle vittime, dei ricercatori che producono analisi rigorose — continua a funzionare come presidio di controllo e di pressione.

Non basta, naturalmente. Il divario tra dove siamo e dove dovremmo essere rimane enorme. Ma il fatto che esista un dibattito pubblico informato sulla giustizia, che i dati siano accessibili e analizzati, che le riforme vengano almeno discusse — e' una condizione necessaria per il cambiamento, anche se non sufficiente.

=

Il reinserimento come investimento: la matematica del risparmio

Uno degli argomenti piu' efficaci per investire nel reinserimento dei condannati — ma anche meno utilizzato nel dibattito pubblico — e' quello economico.

Un detenuto in carcere costa allo Stato circa 120-150 euro al giorno nelle strutture italiane, ovvero circa 45.000-55.000 euro all'anno. Costo elevato, reso ancora piu' pesante dal fatto che una quota significativa di questi detenuti tornera' in carcere dopo la scarcerazione — aumentando indefinitamente il costo complessivo per il sistema.

Un programma di lavoro in carcere, istruzione, supporto psicologico e accompagnamento post-scarcerazione costa significativamente di meno del mantenimento indefinito in carcere, e produce un tasso di recidiva molto piu' basso. Ogni ex detenuto che non ridelinque e' un processo che non si apre, un avvocato d'ufficio che non viene pagato, un carcerato che non occupa un posto, una vittima che non subisce il nuovo reato. Il risparmio si moltiplica.

Questo e' il calcolo che i paesi nordici fanno da decenni, e che spiega perche' investano tanto nel reinserimento nonostante il costo iniziale piu' alto: il risparmio a lungo termine e' enorme. E' la stessa logica che si applica alla sanita' preventiva: costa meno prevenire che curare.

In Italia, il lavoro penitenziario e' sottosviluppato. La percentuale di detenuti che lavora in carcere e' bassa rispetto alle possibilita', sia perche' le cooperative e le imprese che potrebbero impiegare i detenuti ricevono incentivi insufficienti, sia perche' la burocrazia per organizzare il lavoro in carcere e' complessa. Semplificare questi meccanismi e incentivare le imprese a impiegare detenuti — durante e dopo la detenzione — e' una delle riforme a basso costo e alto impatto che rimane parzialmente inattuata. Per comprendere appieno la portata di questo problema e' necessario guardare non solo ai numeri aggregati ma alle singole storie che li compongono. Ogni statistica nasconde una vicenda umana concreta: una famiglia che aspetta giustizia, un imputato che vive nell'incertezza, una vittima che si sente abbandonata dalle istituzioni che avrebbero dovuto proteggerla. I dati ci dicono che il sistema non funziona; le storie ci dicono perche' questo conta.

Il confronto con i sistemi europei che funzionano meglio e' illuminante non perche' si tratti di copiare acriticamente modelli stranieri, ma perche' dimostra che soluzioni diverse sono possibili all'interno di culture giuridiche simili e di contesti storici comparabili. La Germania, la Francia, l'Olanda, i paesi nordici — non sono pianeti diversi. Sono democrazie con sistemi giuridici di civil law come l'Italia, con storie di criminalita' e di riforma della giustizia, con risorse non illimitate. Se riescono a fare di meglio, e' perche' hanno fatto scelte diverse — di investimento, di priorita', di cultura istituzionale.

Le riforme necessarie sono note. Le ha descritte la dottrina giuridica, le ha raccomandate la Commissione europea, le hanno indicate i rapporti delle commissioni parlamentari succedutesi negli anni. Il problema non e' la mancanza di idee: e' la mancanza di volonta' politica di attuarle. E la volonta' politica di attuarle dipende, in ultima analisi, dall'interesse dei cittadini: se i cittadini italiani iniziassero a valutare la giustizia come un criterio prioritario di scelta politica — come valutano la sanita', la scuola, l'economia — i governi troverebbero il modo di fare le riforme necessarie. Finora non e' stato cosi'.

Ma qualcosa si sta muovendo. Le riforme degli ultimi anni — pur imperfette e parziali — mostrano che il tema e' diventato impossibile da ignorare. La pressione dell'Unione Europea attraverso i fondi del PNRR — che condiziona parte degli aiuti economici all'efficienza del sistema giudiziario — ha introdotto un vincolo esterno che i governi italiani non possono eludere. La societa' civile — le associazioni di vittime, i giornalisti di inchiesta, i ricercatori — continua a produrre dati e analisi che rendono sempre piu' difficile nascondere il problema sotto il tappeto.

La certezza della pena e' il fondamento di qualsiasi sistema di convivenza civile degno di questo nome. Senza di essa, le leggi sono teatro. Con essa, le leggi sono strumento di civilta'. L'Italia puo' avercela. Ma deve decidersi a volerla davvero. Dobbiamo essere onesti su cosa significa riformare il sistema giudiziario italiano in modo strutturale. Significa resistere alla tentazione dei proclami facili e delle misure simboliche. Significa accettare che i risultati arriveranno in anni, non in settimane. Significa spendere denaro pubblico su qualcosa che non produce voti immediati. E significa costruire consenso attorno a scelte difficili invece di cedere alle pressioni dei vari gruppi di interesse che ogni riforma tocca.

E' un progetto di lungo periodo, e la politica italiana non ama i progetti di lungo periodo. Ma e' l'unico progetto che funziona. Ogni aggiustamento tecnico, ogni piccola modifica alla prescrizione, ogni inasprimento delle pene sulla carta senza risorse per applicarle — sono palliativi che non risolvono il problema e spesso lo aggravano creando aspettative deluse e ulteriore cinismo.

La storia insegna che le grandi riforme dei sistemi giudiziari avvengono quando c'e' una combinazione di pressione esterna (l'Europa, i mercati finanziari, i partner internazionali), crisi interna di legittimita' (la percezione che il sistema sia irrimediabilmente compromesso), e leadership politica disposta a investire il proprio capitale su un'agenda di lungo periodo. L'Italia ha vissuto momenti in cui queste tre condizioni si sono avvicinate. La speranza e' che si ripresentino, e che questa volta producano una riforma all'altezza del problema. E' importante soffermarsi su un aspetto che il dibattito politico tende a trascurare: il costo umano dell'impunita' non si misura solo in termini di crimini commessi o di crimini impuniti. Si misura anche in termini di sfiducia, di cinismo, di dis-impegno civico. Quando i cittadini vedono che il sistema non funziona, che i potenti la fanno franca, che la giustizia arriva in ritardo o non arriva affatto, la risposta normale e' il ritiro: non ci si fida delle istituzioni, non si collabora con le forze dell'ordine, non si denuncia. Questo ritiro e' razionale dal punto di vista del singolo cittadino, ma e' devastante per il tessuto sociale complessivo.

La fiducia nelle istituzioni e' un bene pubblico: una volta erosa e' molto difficile da ricostruire. L'Italia degli anni settanta e ottanta ha vissuto la stagione del terrorismo politico in parte a causa di una sfiducia profonda nelle istituzioni, percepite come al servizio dei potenti e non dei cittadini. Non stiamo vivendo quella stagione, per fortuna. Ma i semi della sfiducia che produce impegno civico negativo invece di positivo sono presenti ogni volta che un politico corrotto la fa franca, ogni volta che un processo prescrive, ogni volta che una vittima aspetta anni senza ottenere risposta.

Recuperare la fiducia nei confronti del sistema giudiziario richiede quindi non solo riforme tecniche — per quanto necessarie — ma anche una comunicazione diversa sui risultati raggiunti e su quelli mancati, una maggiore trasparenza sui dati di funzionamento del sistema, e un dibattito pubblico che sia all'altezza della complessita' del problema. La semplificazione populista — i giudici sono tutti comunisti, o i politici sono tutti corrotti, o bisogna buttare via la chiave — non aiuta. E' una risposta emotiva a un problema strutturale, e produce solo ulteriore polarizzazione senza avanzare di un millimetro verso la soluzione.

Il ruolo dell'educazione civica e' spesso sottovalutato in questo contesto. Un cittadino che capisce come funziona il sistema giudiziario, che conosce i propri diritti e i propri doveri, che sa distinguere tra garantismo e impunita', tra giustizialismo e tutela delle vittime — e' un cittadino che puo' partecipare al dibattito pubblico in modo costruttivo e che puo' esercitare pressione politica in modo informato. La scuola italiana, nella formazione di questa consapevolezza, ha ancora molto lavoro da fare.

Guardando avanti, ci sono ragioni caute di ottimismo. La generazione di magistrati e di funzionari pubblici che sta entrando nel sistema in questi anni e' spesso piu' orientata all'efficienza e alla modernizzazione di quanto non fossero le generazioni precedenti. Le tecnologie digitali che stanno penetrando il sistema giudiziario — pur lentamente — stanno producendo efficienze reali in alcune sedi. La pressione europea sui risultati, legata ai fondi del PNRR, sta creando incentivi che prima non esistevano. E la societa' civile italiana — quella delle associazioni antimafia, dei giornalisti di inchiesta, degli avvocati che difendono i diritti delle vittime, dei ricercatori che producono analisi rigorose —

continua a funzionare come presidio di controllo e di pressione.

Non basta, naturalmente. Il divario tra dove siamo e dove dovremmo essere rimane enorme. Ma il fatto che esista un dibattito pubblico informato sulla giustizia, che i dati siano accessibili e analizzati, che le riforme vengano almeno discusse — e' una condizione necessaria per il cambiamento, anche se non sufficiente.

=

Una visione: la giustizia come servizio pubblico fondamentale

Per concludere questa analisi, conviene uscire dalla logica del problema tecnico e tornare alla questione di principio: cos'e' la giustizia penale, e perche' il suo funzionamento e' un interesse di tutti.

La giustizia penale non e' un privilegio: e' un servizio pubblico fondamentale, come la sanita' e l'istruzione. Quando funziona, garantisce che chi viola le regole della convivenza ne paghi le conseguenze, che le vittime ottengano risposta, e che la societa' sia protetta dalla recidiva. Quando non funziona, lascia che i piu' forti e i piu' furbi sfuggano alle conseguenze dei propri atti, scaricando il costo sui piu' deboli e sui meno tutelati.

In Italia la giustizia penale non funziona in modo accettabile. Questo e' il punto di partenza di questo libro, ed e' anche la sua conclusione. Non e' una critica agli individui — magistrati, avvocati, poliziotti, personale dei tribunali che spesso lavorano con dedizione in condizioni difficili. E' una critica al sistema, alle scelte politiche che lo hanno mantenuto in questo stato per decenni, e all'inerzia culturale che ha reso ogni riforma piu' difficile della precedente.

La certezza della pena non e' un obiettivo di destra o di sinistra. E' un prerequisito della civilta'. E' quello che Beccaria chiedeva nel 1764. E' quello che i cittadini italiani continuano ad aspettare nel 2026.

Il cambiamento e' possibile. Non e' semplice, non e' rapido, non e' gratuito. Ma e' necessario. E chi lo chiede — le vittime, i testimoni, i cittadini che vogliono vivere in un paese dove le regole valgono ugualmente per tutti — ha dalla sua parte la logica, i dati, e la storia di quei sistemi che il cambiamento l'hanno gia' fatto. Per comprendere appieno la portata di questo problema e' necessario guardare non solo ai numeri aggregati ma alle singole storie che li compongono. Ogni statistica nasconde una vicenda umana concreta: una famiglia che aspetta giustizia, un imputato che vive nell'incertezza, una vittima che si sente abbandonata dalle istituzioni che avrebbero dovuto proteggerla. I dati ci dicono che il sistema non funziona; le storie ci dicono perche' questo conta.

Il confronto con i sistemi europei che funzionano meglio e' illuminante non perche' si tratti di copiare acriticamente modelli stranieri, ma perche' dimostra che soluzioni diverse sono possibili all'interno di culture giuridiche simili e di contesti storici comparabili. La Germania, la Francia, l'Olanda, i paesi nordici — non sono pianeti diversi. Sono democrazie con sistemi giuridici di civil law come l'Italia, con storie di criminalita' e di riforma della giustizia, con risorse non illimitate. Se riescono a fare di meglio, e' perche' hanno fatto scelte diverse — di investimento, di priorita', di cultura istituzionale.

Le riforme necessarie sono note. Le ha descritte la dottrina giuridica, le ha raccomandate la Commissione europea, le hanno indicate i rapporti delle commissioni parlamentari succedutesi negli anni. Il problema non e' la mancanza di idee: e' la mancanza di volonta' politica di attuarle. E la volonta' politica di attuarle dipende, in ultima analisi, dall'interesse dei cittadini: se i cittadini italiani iniziassero a valutare la giustizia come un criterio prioritario di scelta politica — come valutano la sanita', la scuola, l'economia — i governi troverebbero il modo di fare le riforme necessarie. Finora non e' stato cosi'.

Ma qualcosa si sta muovendo. Le riforme degli ultimi anni — pur imperfette e parziali — mostrano che il tema e' diventato impossibile da ignorare. La pressione dell'Unione Europea attraverso i fondi del PNRR — che condiziona parte degli aiuti economici all'efficienza del sistema giudiziario — ha introdotto un vincolo esterno che i governi italiani non possono eludere. La societa' civile — le associazioni di vittime, i giornalisti di inchiesta, i ricercatori — continua a produrre dati e analisi che rendono sempre piu' difficile nascondere il problema sotto il tappeto.

La certezza della pena e' il fondamento di qualsiasi sistema di convivenza civile degno di questo nome. Senza di essa, le leggi sono teatro. Con essa, le leggi sono strumento di civilta'. L'Italia puo' avercela. Ma deve decidersi a volerla davvero. Dobbiamo essere onesti su cosa significa riformare il sistema giudiziario italiano in modo strutturale. Significa resistere alla tentazione dei proclami facili e delle misure simboliche. Significa accettare che i risultati arriveranno in anni, non in settimane. Significa spendere denaro pubblico su qualcosa che non produce voti immediati. E significa costruire consenso attorno a scelte difficili invece di cedere alle pressioni dei vari gruppi di interesse che ogni riforma tocca.

E' un progetto di lungo periodo, e la politica italiana non ama i progetti di lungo periodo. Ma e' l'unico progetto che funziona. Ogni aggiustamento tecnico, ogni piccola modifica alla prescrizione, ogni inasprimento delle pene sulla carta senza risorse per applicarle — sono palliativi che non risolvono il problema e spesso lo aggravano creando aspettative deluse e ulteriore cinismo.

La storia insegna che le grandi riforme dei sistemi giudiziari avvengono quando c'e' una combinazione di pressione esterna (l'Europa, i mercati finanziari, i partner internazionali), crisi interna di legittimita' (la percezione che il sistema sia irrimediabilmente compromesso), e leadership politica disposta a investire il proprio capitale su un'agenda di lungo periodo. L'Italia ha vissuto momenti in cui queste tre condizioni si sono avvicinate. La speranza e' che si ripresentino, e che questa volta producano una riforma all'altezza del problema. E' importante soffermarsi su un aspetto che il dibattito politico tende a trascurare: il costo umano dell'impunita' non si misura solo in termini di crimini commessi o di crimini impuniti. Si misura anche in termini di sfiducia, di cinismo, di dis-impegno civico. Quando i cittadini vedono che il sistema non funziona, che i potenti la fanno franca, che la giustizia arriva in ritardo o non arriva affatto, la risposta normale e' il ritiro: non ci si fida delle istituzioni, non si collabora con le forze dell'ordine, non si denuncia. Questo ritiro e' razionale dal punto di vista del singolo cittadino, ma e' devastante per il tessuto sociale complessivo.

La fiducia nelle istituzioni e' un bene pubblico: una volta erosa e' molto difficile da ricostruire. L'Italia degli anni settanta e ottanta ha vissuto la stagione del terrorismo politico in parte a causa di una sfiducia profonda nelle istituzioni, percepite come al servizio dei potenti e non dei cittadini. Non stiamo vivendo quella stagione, per fortuna. Ma i semi della sfiducia che produce impegno civico negativo invece di positivo sono presenti ogni volta che un politico corrotto la fa franca, ogni volta che un processo prescrive, ogni volta che una vittima aspetta anni senza ottenere risposta.

Recuperare la fiducia nei confronti del sistema giudiziario richiede quindi non solo riforme tecniche — per quanto necessarie — ma anche una comunicazione diversa sui risultati raggiunti e su quelli mancati, una maggiore trasparenza sui dati di funzionamento del sistema, e un dibattito pubblico che sia all'altezza della complessita' del problema. La semplificazione populista — i giudici sono tutti comunisti, o i politici sono tutti corrotti, o bisogna buttare via la chiave — non aiuta. E' una risposta emotiva a un problema strutturale, e produce solo ulteriore polarizzazione senza avanzare di un millimetro verso la soluzione.

Il ruolo dell'educazione civica e' spesso sottovalutato in questo contesto. Un cittadino che capisce come funziona il sistema giudiziario, che conosce i propri diritti e i propri doveri, che sa distinguere tra garantismo e impunita', tra giustizialismo e tutela delle vittime — e' un cittadino che puo' partecipare al dibattito pubblico in modo costruttivo e che puo' esercitare pressione politica in modo informato. La scuola italiana, nella formazione di questa consapevolezza, ha ancora molto lavoro da fare.

Guardando avanti, ci sono ragioni caute di ottimismo. La generazione di magistrati e di funzionari pubblici che sta entrando nel sistema in questi anni e' spesso piu' orientata all'efficienza e alla modernizzazione di quanto non fossero le generazioni precedenti. Le tecnologie digitali che stanno penetrando il sistema giudiziario — pur lentamente — stanno producendo efficienze reali in alcune sedi. La pressione europea sui risultati, legata ai fondi del PNRR, sta creando incentivi che prima non esistevano. E la societa' civile italiana — quella delle associazioni antimafia, dei giornalisti di inchiesta, degli avvocati che difendono i diritti delle vittime, dei ricercatori che producono analisi rigorose — continua a funzionare come presidio di controllo e di pressione.

Non basta, naturalmente. Il divario tra dove siamo e dove dovremmo essere rimane enorme. Ma il fatto che esista un dibattito pubblico informato sulla giustizia, che i dati siano accessibili e analizzati, che le riforme vengano almeno discusse — e' una condizione necessaria per il cambiamento, anche se non sufficiente.

Punti Chiave del Capitolo

* La certezza della pena nel senso tecnico corretto significa alta probabilita' di conseguenze in tempi ragionevoli, non pene piu' severe: e' la probabilita', non la severita', che deterrisce.

* Le riforme con evidenza di efficacia sono: piu' magistrati e personale, digitalizzazione integrale, procedure semplificate per reati minori, filtri all'appello e Cassazione, gestione manageriale dei tribunali.

* Il reinserimento e' un investimento economicamente conveniente: i tassi di recidiva piu' bassi si traducono in meno processi, meno carcere, meno costi.

* Il costo di un sistema che non funziona e' altissimo: risarcimenti per i processi troppo lunghi, economia persa per corruzione, criminalita' nell'impunita'.

* La giustizia penale e' un servizio pubblico fondamentale: il suo funzionamento e' un interesse di tutti, non una questione tecnica da lasciare agli addetti ai lavori.

Conclusione

Siamo arrivati alla fine di un'analisi che non consola. La giustizia penale italiana ha problemi strutturali profondi, storicamente radicati, politicamente difficili da affrontare. La certezza della pena, quella che Beccaria considerava il deterrente più efficace, è in Italia un principio riconosciuto ma non praticato.

Cosa si può fare? Le riforme ci sono state, alcune hanno migliorato le cose ai margini. La riforma Cartabia (2022) ha introdotto meccanismi di accelerazione dei processi e ha ridefinito la prescrizione. I tribunali digitali e il processo civile telematico hanno ridotto i tempi in alcune fasi. Ma i miglioramenti restano parziali rispetto alla dimensione del problema.

Le misure che avrebbero il maggiore impatto — una reale semplificazione procedurale che non sacrifichi le garanzie, un aumento delle risorse umane (magistrati, cancellieri, personale amministrativo) adeguato al carico di lavoro, una politica della pena che affronti seriamente il problema della recidiva e del reinserimento, una distinzione più netta tra i reati gravi che richiedono risposta rapida e quelli minori che possono essere gestiti con strumenti alternativi — richiedono investimenti politici e finanziari che i governi italiani, di ogni colore, hanno sistematicamente evitato.

Il cittadino che subisce un reato ha diritto a una risposta dello Stato che arrivi in tempi ragionevoli. Il criminale che commette un reato deve sapere che le conseguenze sono certe. Senza questa certezza, il sistema penale diventa teatro: forme, processi, sentenze che non producono deterrenza, non soddisfano le vittime, non riabilitano i condannati, non proteggono la società.

La certezza della pena non è un concetto di destra o di sinistra. È un prerequisito della convivenza civile. E finché l'Italia non la rende pratica anziché principio, il ciclo dell'impunità continuerà.

L'Autrice

Giulio Trentini è giornalista e saggista, specializzato in giustizia, criminalità e politiche pubbliche. Ha collaborato con diverse testate nazionali sui temi della giustizia penale, del sistema carcerario e delle riforme istituzionali. Osserva da anni il divario tra il sistema giudiziario italiano come è scritto nei codici e come funziona nella realtà quotidiana, con un approccio che privilegia i dati, i confronti europei e la prospettiva della persona comune che si trova a fare i conti con un sistema complesso e spesso insoddisfacente. Questo volume nasce da anni di inchieste, interviste e analisi della documentazione statistica disponibile sul funzionamento della giustizia italiana.

www.ingramcontent.com/pod-product-compliance
Lightning Source LLC
LaVergne TN
LVHW050816061126
851857LV00012B/829
* 9 7 9 8 2 5 6 2 1 6 9 5 5 *